广西民族大学民族学一流学科基金资助项目

佤族妇女 研究

基于沧源佤族自治县四个村寨的社会学考察

黎莹 杨婕 ———— 著

中央民族大学出版社
China Minzu University Press

图书在版编目（CIP）数据

佤族妇女研究：基于沧源佤族自治县四个村寨的社会学考察 / 黎莹，杨婕著 . -- 北京：中央民族大学出版社，2024.7. -- ISBN 978-7-5660-2392-6

Ⅰ . D442.9

中国国家版本馆 CIP 数据核字第 2024Z5J569 号

佤族妇女研究——基于沧源佤族自治县四个村寨的社会学考察

著　　者	黎　莹　杨　婕
责任编辑	陈　琳
封面设计	舒刚卫
出版发行	中央民族大学出版社
	北京市海淀区中关村南大街 27 号　邮编：100081
	电话：（010）68472815（发行部）　传真：（010）68933757（发行部）
	（010）68932218（总编室）　　　（010）68932447（办公室）
经 销 者	全国各地新华书店
印 刷 厂	北京鑫宇图源印刷科技有限公司
开　　本	787×1092　1/16　印张：15.5
字　　数	222 千字
版　　次	2024 年 7 月第 1 版　2024 年 7 月第 1 次印刷
书　　号	ISBN 978-7-5660-2392-6
定　　价	70.00 元

版权所有　翻印必究

序

  佤族是我国云南省独有且历史悠久的少数民族。根据2021年的《中国统计年鉴》，中国境内的佤族人口为430977，主要分布在我国云南省西南部临沧市的沧源、耿马、双江、永德、镇康，以及普洱市的西盟、澜沧、孟连等县。其中沧源、西盟是佤族主要聚居区，是全国仅有的两个佤族自治县，两县的佤族人口约占全国佤族总人口的50%。沧源佤族自治县地处云贵高原西南端，位于中缅边境的中段，全县南北纵距47.00千米，东西横跨86.00千米，面积为2445.00平方千米，国境线长147.08千米。第七次人口普查数据显示，2020年沧源佤族自治县常住人口为160262，约占全国佤族总人口的30%。沧源是中国最大的佤族聚居地，也是佤族文化的发源地之一。

  近百年来，沧源佤族由原始社会直接进入现代社会。随着现代旅游文化的发展，充满热情的《阿佤人民唱新歌》走出佤山，风靡全国。沧源民族文化灿烂，该县有距今3500多年的沧源古崖画和南传上座部佛教三大经典古建筑之一的广允缅寺，有被誉为"中国最后的原始部落"的佤族原始古村寨翁丁村，有著名的中国佤族司岗里"摸你黑"狂欢节，"佤王宴"更将佤族饮食特色展现得淋漓尽致。佤族语言、歌舞、服饰、建筑等文化在中华民族文化大家庭里独树一帜；"沧佤特色"更像一座桥梁，联结了沧源佤族的过去、现在和未来。2016年，沧源机场建成通航，拉近了阿佤人民与世界的距离，佤族文化也逐步被外界了解、接受。

长期以来，学界对佤族文化有广泛而深入的研究，且成果颇丰。20世纪80年代初，云南人民出版社出版、发行了一套系列丛书《民族问题五种丛书·佤族社会历史调查》（1—4册）；之后，1995年，罗之基出版了《佤族社会历史与文化》；1996年，田继周、罗之基出版了《佤族》；2001年，魏德明出版了《佤族文化史》，同年，李洁出版了《临沧地区佤族百年社会变迁》；2005年，赵富荣出版了《中国佤族文化》；从2007年开始，《佤族历史文化探秘》《佤族简史》《佤族木鼓的文化链接》《佤族百年实录》《沧源崖画》《传统与现代的互动：以沧源佤族艺术为中心的研究》等著作相继面世，为开展佤族研究提供了大量素材。从学科角度看，在民族学、历史学、人类学、艺术学等研究领域，佤族文化均有涉猎；从内容角度看，佤族文化在民族起源、生态环境、历史发展、文化演变、旅游开发等方面均有覆盖；从表现角度看，有专著、民族志、地方志、期刊论文、年鉴、旅游画报等形式，种类繁多。近年来，佤族文化在高校的中国少数民族研究中心、南方少数民族研究中心、边疆少数民族研究中心等研究基地中占据重要的地位。

作为佤族史上不可忽视的群体，佤族妇女的审美取向、生计方式、恋爱和婚姻、孕育和生产、家庭教育、风俗习惯、人际交往、社会角色等都颇有特点。因此，佤族妇女研究是佤族研究中一个非常重要的领域。然而，学术界主要将佤族妇女作为佤族文化的组成部分加以论述，专题研究不多。研究着力点多集中在某一主题的横切面，缺乏关于佤族妇女的全方位、综合性的研究。从研究历时角度看，主要集中在对改革开放前佤族妇女史的研究上，对新时期佤族妇女状况的勾勒尚缺。

佤族妇女的成长之路见证了地方和国家的发展历程，体现了个人利益与集体利益的融合，因此，着力新时期佤族妇女研究具有积极的理论意义和现实意义。调查组在沧源勐董镇管辖范围内随机抽取了四个佤族村寨作为调查点，先后三次入住这些村寨，与当地村民同吃、同住、同劳动，对佤族妇女相关资料进行了采集、记录、拍照等。全书共分为12章：

第一章为研究背景。该部分首先梳理了社会主义新时期沧源佤族自治县在政治、经济、文化、教育、卫生等方面取得的卓越成绩，强调了佤族妇女对家庭、社区、国家做出了不可替代的贡献，全面研究、持续关注该群体具有重要的理论意义和现实意义，提出了选择沧源佤族自治县四个村寨进行社会学考察的缘由，并且对田野调查的研究方法、村寨简介等内容进行了详尽的梳理。

第二章为佤族妇女与经济。该部分探讨了外出务工妇女、留守妇女及女药师的现状。外出务工妇女以年轻妇女居多，主要从事可替代性较强的服务业，自主创业者不多；留守妇女以中老年妇女为主，主要从事传统的农业、民间贸易及旅游业。佤族妇女的经济收入得到普遍提高与她们积极进取的意识状态有关，也离不开地方政府正确、全方位的引导。

第三章为佤族妇女与参政。该部分探讨了佤族妇女干部的相关情况，佤族妇女参政、议政情况及其他妇女的合法权益。佤族妇女干部群体主要由留守村庄的中老年妇女构成，而年轻妇女流动的概率较高。妇女干部主要担任妇联主任职务，工作的动力主要源自浓厚的乡村情感。在国家相关政策引导的影响下，佤族妇女对"远离家暴""两癌筛查"等的认知程度有了明显的提高，参与相关宣传活动的积极性也较高。

第四章为佤族妇女与婚姻。该部分探讨了佤族妇女的择偶标准、婚姻禁忌及婚俗变迁。大多数佤族妇女崇尚自由恋爱，即便是相亲，也建立在男女双方自愿的基础之上。佤族妇女在婚恋中最注重的是对方的人品，她们对同姓通婚、未婚先孕等行为表示理解并宽容。佤族妇女的婚姻仪式趋于现代化，体现了与周边民族的文化交融；外界的彩礼数额、生活质量情况普遍优于当地水平成为年轻的佤族妇女外嫁的主要诱导因素。此外，佤族妇女的维权意识有了明显的增强。

第五章为佤族妇女与家庭。该部分探讨了佤族妇女教育后代的情况，包括在道德礼仪和生态保护方面对之进行教育。佤族妇女以身作则，对后代的教导较为严格；佤族妇女经常教育后代热爱自然、保护自然，充分体现了人与自然的和谐共处；在"乡村振兴""兴边富民""共同富裕"等国家政策的扶持下，大部分老年妇女对养老现状的满意程度较高。

第六章为佤族妇女与生育。该部分探讨了佤族妇女的生育观、怀孕与分娩及"月子文化"。青年和中年佤族妇女的生育观发生了从早婚、早育到晚婚、晚育，从多生、多育到少生、优生，从过去的重男轻女到如今的男女平等的巨变。如今，佤族妇女生育以在医院顺产为主，但传统的"月子文化"对她们的影响依然较大，婆婆在儿媳妇坐月子期间起着非常重要的引导和助力作用。

第七章为佤族妇女与教育。该部分揭示了高比例的佤族妇女具有文化教育水平偏低、中职教育普受欢迎、汉语使用范围受限等特征。指出了在良好的家教、家风的影响下，婆媳关系普遍和谐，婆婆在日常家务方面承担着重要的职责。

第八章为佤族妇女与服饰。该部分探讨了佤族妇女的服饰特色、传承和创新织布技术。佤族妇女的传统服饰以黑为美，以土布为衣、裤的布料，体现了佤族妇女较高的手工纺织水平。旅游业的介入使留守村寨的佤族妇女通过传统技艺营利，体现了她们极强的文化传承责任感。

第九章为佤族妇女与娱乐。该部分介绍了佤族妇女演绎的甩发舞、织布舞、圆圈舞及木鼓舞，体现了佤族妇女性格豪爽、勤劳能干、团结友爱、敬畏自然等特点，尤其是甩发舞，已然成为佤族文化的一张名片。最受佤族妇女欢迎的传统节日当属"摸你黑"狂欢节和新米节。祭祀古树也成为村中佤族妇女日常生活的重要组成部分，届时，她们充当重要的角色，主要参与筹备活动、表演节目、接待贵客等，五湖四海的游客通过她们的出色表现和热情款待，对沧源留下了极其美好的印象。以撒拉房为例，撒拉房既是佤族建筑文化的体现，又是体验佤族青年男女恋爱习俗的场地。

第十章为佤族妇女与饮食。该部分探讨了佤族妇女制作的烂饭、水酒及筹备的"佤王宴"，均为佤族特色饮食。"佤王宴"的制备体现了佤族妇女盛情待客的最高礼仪，以及她们的勤劳和好客。此外，米线、粑粑、辣椒也是她们不可或缺的食物，充分体现了该群体的独特厨艺。

第十一章为佤族妇女的其他生活习惯。简要介绍了部分佤族妇女有抽旱烟、嚼槟榔的独特习惯。当前，在中青年佤族妇女群体中，抽旱烟、嚼槟榔者已越来越少。

第十二章为结论、思考与建议。该部分对妇女事业与社会发展的共生性、妇女事业与文化传承的共生性进行了归纳和讨论。在技术发展方面，一技之长为佤族妇女带来了稳定的经济收入；在管理村寨内部事务方面，佤族妇女获得了前所未有的选举权和发言权；在文化传承方面，佤族妇女扮演了不可或缺的重要角色，她们坚定文化自信，踔厉奋发，为乡村振兴做出了巨大贡献。佤族妇女的优势发展离不开国家、社区、家庭的鼓励和助力，因此，妇女事业反映了社会发展的阶段水平，可以更好地诠释社会发展的真谛，社会发展也为妇女事业的发展提供了坚实的物质保障和人文环境。

目录

第一章 研究背景 … 1

- 第一节 佤族社会的变迁 … 1
- 第二节 佤族村寨调查点 … 4
- 第三节 佤族村寨调查方法 … 5

第二章 佤族妇女与经济 … 8

- 第一节 沧源经济基本现状 … 9
- 第二节 留守妇女 … 14
- 第三节 外出务工妇女 … 30

第三章 佤族妇女与参政 … 33

- 第一节 妇女干部 … 34
- 第二节 参政议政 … 35
- 第三节 其他合法权益 … 39

第四章 佤族妇女与婚姻 … 45

- 第一节 择偶标准 … 47

57	第二节	婚姻禁忌
60	第三节	婚俗变迁

74　第五章　佤族妇女与家庭

75	第一节	家庭决策
79	第二节	财产继承权
82	第三节	家庭教育

89　第六章　佤族妇女与生育

90	第一节	生育观
95	第二节	怀孕与分娩
97	第三节	"月子文化"

99　第七章　佤族妇女与教育

100	第一节	沧源教育基本现状
103	第二节	佤族妇女教育特征
110	第三节	提升佤族妇女教育水平的经验

115　第八章　佤族妇女与服饰

116	第一节	服饰特色
127	第二节	织布技术

136　第九章　佤族妇女与娱乐

137　第一节　传统舞蹈
144　第二节　传统节日与仪式

155　第十章　佤族妇女与饮食

157　第一节　烂饭
160　第二节　水酒
163　第三节　"佤王宴"
167　第四节　其他

173　第十一章　佤族妇女的其他生活习惯

179　第十二章　结论、思考与建议

179　第一节　妇女事业与社会发展的共生性
184　第二节　妇女增收与文化传承的共生性
186　第三节　妇女权益的守护者
192　第四节　政策建议

196　**附录1：调查问卷**
201　**附录2：个案访谈提纲**
205　**附录3：案例（部分）**
225　**参考文献**
234　**后记**

第一章 研究背景

第一节 佤族社会的变迁

在《中国少数民族大辞典》中，"佤族，是中国、缅甸的少数民族之一，民族语言为佤语，属南亚语系孟高棉语族佤德语支，没有通用文字。佤族主要居住在中国云南省西南部的沧源、西盟、孟连、耿马、澜沧、双江、镇康、永德等县和缅甸的佤邦、掸邦等地"。还有部分佤族散居在云南的保山市、西双版纳傣族自治州、昆明市和德宏傣族景颇族自治州等地。

根据中国少数民族区域自治政策和佤族人口分布较为集中的现状，我国于1954年6月成立了孟连傣族拉祜族佤族自治县，于1955年10月成立了耿马傣族佤族自治县，于1964年2月成立了沧源佤族自治县，于1965年3月成立了西盟佤族自治县，保障了佤族人民的民族平等和当家作主权利，使佤族人民从半原始公有制社会末期迈入了社会主义社会阶段，实现了跨越式的历史飞跃。

在工业和农业方面，佤族地区的工业从无到有，不断发展、壮大。随着时间的推移，特别是在国家扶贫政策的推动下，佤族地区开始出现了小型手工业不断发展和乡村工业化趋势，一些地方甚至建立起了适应当地资源的轻工业或农产品加工业。沧源建立了水力发电站、煤矿厂、陶器厂、砖瓦厂、糖厂、酒厂、茶厂、食品加工厂、皮鞋厂等。在历史上从未有过产业工人的佤族人民，逐渐实现了产业工人发展到过万名，技术工人发展到过千名。中华人民共和国成立后，政府推行了一系列土地改革和农业生产技术改良措施，佤族地区开始大力修筑水田，改变原始的耕作方法，引进现代农业技术和作物品种，提高了粮食产量和农业生产效率。通过改变传统的单一农业结构，发展多种经济作物，种植橡胶、茶叶、咖啡、甘蔗、柑橘、香蕉等，开山劈岭，引水种田，佤族地区的农业经济逐渐从单一的粮食生产转向多元化发展，包括种植经济作物，发展林下经济、特色农业等，农民的收入有所增加，生活状况得到了明显的改善。改革开放以来，佤族地区的经济发展极其迅速。从1980年到1994年的14年里，沧源的国民经济以年平均递增高于10%的速度高速发展，工业和农业总产值增长了8.0倍，其中工业总产值增长了11.0倍，农业总产值增长了5.2倍，地方财政收入增长了11.0倍。受市场经济影响，佤族人民的生计方式也在发生变化，除了从事传统的农耕活动，已有越来越多的人从事非农产业，如旅游业、服务业等，拓宽了增收渠道。

在交通运输业方面，佤族地区实现了由交通闭塞、靠人力背运到公路通车、运输便利的转变。从前，因水牛大部分用于耕地，佤族人常用黄牛驮运货物，还有部分寨民以骡马驮运，但畜力运输局限性大。当时，当地的运输主要靠人力，佤族人以自己的头部、背部、腰部从几十千米以外的地方往回背运东西，如柴火、粮食、盐巴等，由于沿途不得不翻山越岭，加之货物较重，他们常常苦不堪言。南方雨水较多，水深流急，交通常被迫中断，村民通常以竹藤搭成便桥来应急。但桥身悬空，竹子又具有弹性，人行其上，极不安全。改革开放以来，政府加大了对民族地区基础设施建设的投入，佤族地区的交通运输有了很大的发展。沧源等地开始大规模修建并改善公路网络，使得县城与乡镇、村寨，以及周边的县和市，甚至边境国家的联系越来越密切。沧源实现了年均公路通车里程410.0千米、货物周转量9254.0万吨/千米、客运周转量9603.3万人/千米、货运量22.2万吨、客运量10000余人，佤族地区的柏油路也实现了与外界连接。

在文体事业方面，佤族地区实现了由原始传送到电信畅通的转变。中华人民共和国成立前，沧源人靠原始的通信方式实现往来，如使用鸡毛等信物，通过烧炭、木刻、结绳等方式在村际相互传送信息。改革开放以来，沧源县城和辖区乡镇均建起了邮电局和邮电所，县属单位、主要村委会实现了通话，联结全国各地的邮电通信网已经初步形成。全县的文化机构也开始逐步被建设，如文化馆、群艺馆、图书馆、文物管理所等，为群众进行文体活动提供了场地支持。沧源的民族传统体育活动源远流长，20世纪60年代，当地的体育运动委员会成立。当前，沧源的各项体育事业蓬勃发展，形成了有领导、有场地、有队伍、有活动的新格局。县城现有男、女篮球队百余支，已建成各种运动场所，学校运动会也逐步趋于制度化。佤族地区还不间断地向省级体育机构和院校输送体育人才。

在医疗卫生事业方面，佤族地区实现了由中华人民共和国成立前的医疗条件相对落后，不得不向"神"求救到推广专业医疗，科学就医的转变。中华人民共和国成立前的沧源缺医少药，民间流行草医。草医对疾病的认知主要来源于生产和生活实践，如对植物、动物和矿物资源的认识和利用，但无法控制疾病的发展。民众患病，往往靠求"神"、占卜等。中华人民共和国成立后，政府在佤族聚居区大力加强基层医疗机构的建设和扶持，沧源当地相继建立了人民医院、卫生防疫站、妇幼保健站、药品检验所、佤族医药研究所、卫生培训学校等，各乡镇也建立了卫生所。佤族地区的医疗卫生服务体系也在不断优化升级，新型农村合作医疗制度和城乡医保制度的普及，使得佤族群众享受到了更加公平的基本医疗保障。在当地的各级医疗单位中，副主任医师、主治医师、乡村医生、卫生员等基本上是佤族人。县级医院均已有B型超声波仪、自动生化分析仪、麻醉机、胃镜仪、呼吸机、X光机、中巴救护车等现代医疗器械和设备，各级医疗卫生机构救死扶伤的综合能力和技术水平稳步提高。

综上，中华人民共和国成立后，尤其是改革开放以来，沧源的经济、交通、教育、文体、卫生等各方面实现了质的飞跃，佤族人经历了由苦至甜、由难至易、由落后至现代化的社会巨变。

第二节　佤族村寨调查点

　　调查组围绕"佤族妇女"专题展开论述，并非意味着将该群体剥离于现实生活，而是将之置于与男性日常互动的过程中加以自然、全面地展示。《新华字典》将"妇女"解释为"成年女子的通称"，这里的"佤族妇女"特指成年的佤族女性，即18岁及以上的佤族女性。因人力、物力条件受限，调查组在沧源县勐董镇管辖范围内有针对性地选择了四个佤族村寨作为调查点，分别为YH村、BK村、ML村和NL村。

　　YH村位于县城南面，距镇政府约6千米。全村共有7个自然村、7个村民小组。2017年末总户数为298，人口1196，其中男性635人，女性561人。劳动力566人，其中男劳动力319人，女劳动力247人。当地佤族人家的媳妇中，仅有1人为汉族，1人为彝族，其余均为本地及附近的佤族妇女。YH村的特色种植作物为核桃和竹子，村内自2008年开始种植以上两种作物。共种植核桃8000多亩，现成活6900多亩；种植竹子合计3700多亩，一亩15—20棵。2017年，YH村人均纯收入为7056元，为当地人均收入较高的村庄。

　　BK村位于县城北面，距镇政府约20千米。全村共有6个自然村、8个村民小组。2017年末总户数为461，人口1843，其中男性959人，女性884人。劳动力941人，其中男劳动力536人，女劳动力405人。当地佤族人家的媳妇中，有3人为汉族，2人为彝族，1人为拉祜族，其余均为本地及附近的佤族妇女。全村耕地面积为3500.0亩，其中水田1755.0亩，旱田1745.0亩；人均占有耕地面积为1.9亩。BK村的主要经济作物为烤烟，全村已种植烤烟1700亩。2017年，BK村民人均纯收入为6524元。

　　ML村距镇政府约1千米，全村共有9个自然村、9个村民小组。2017年末总户数为273，人口1397，其中男性714人，女性683人。劳动力

1008人，其中男劳动力594人，女劳动力414人。在当地佤族人家的媳妇中，仅有2人为汉族，1人为傣族，1人为彝族，其余均为本地及附近的佤族妇女。全村土地面积为57785亩，耕地面积为3427亩。粮食总产量为46万公斤，人均纯有粮359公斤。ML村的特色种植作物为橡胶、竹子、核桃及茶叶。现种植橡胶5120亩，开割300亩；紫胶1000亩，放养200亩。竹子总面积为9342亩，2010年新种植4852亩，其中分箜302亩，袋苗4550亩。种植核桃686亩。种植茶叶870亩，采摘862亩。种植木薯1250亩。大牲畜存栏571头，生猪存栏869头，家禽存栏2885只。2017年，ML村人均纯收入为8207元，在调查个案村庄中最高。

NL村距镇政府约10千米，全村共有10个自然村、12个村民小组。2017年末总户数为557，人口1989，其中男性1016人，女性973人。劳动力1367人，其中男劳动力889人，女劳动力478人。在当地佤族人家的媳妇中，有3人为汉族，1人为彝族，其余均为本地及附近的佤族妇女。村民人均林地面积为18亩左右。NL村的主要经济作物为核桃和竹子。其中，核桃为2002年开始种植，现挂果的有66株；竹子为2008年开始种植，合计2886亩，2017年上半年新种2030亩，并计划下半年完成2100亩的种植目标。2017年，NL村人均纯收入为5207元。

第三节 佤族村寨调查方法

调查组主要采用以下三种社会调查法：抽样问卷法、深度访谈法及参与观察法。对于抽样问卷，调查组根据村庄规模及调研便利程度采取滚雪球的抽样方式，共发放140份问卷并全部回收，回收率为100.0%，其中有效问卷135份，有效回收率为96.4%，符合抽样要求。对于深度访谈，调查组主要采取座谈会、个案访谈两种形式，组织了3场座谈会；从上述YH村、ML村、NL村各抽取8名村民，从BK村抽取9名村民，共33名村民作为访谈对象。从性别角度，男性、女性分别为8人、25人，各占访谈总人数的24%和76%；从年龄分布看，青年（45岁以下）、中年（45—59岁）及老年（60岁及以上）分别为21人、8人和4人，各占访谈总人数的64%、24%和12%；从职业分布看，种养殖者、在读学生、外出打工者、留守老人、服务业工作者及其他分别为6人、6人、5人、3人、4人和9人，各占访谈总人数的18.2%、18.2%、15.2%、9.0%、12.1%和27.3%，具体信息见表1-1。对于参与观察，调查组三次入住乡村，历时3个月零5天，于村居期间对村民的日常生活进行观察、拍照、录音和笔记。

表1-1 访谈对象简况

村名	姓名	性别	年龄	学历	职业	编号
YH村	A	男	48	小学	核桃种植者	201901
	B	男	25	小学	外出打工者	201902
	C	女	14	初中	在读初中生	201903
	D	女	22	小学	外出打工者	201904
	E	女	64	未受过教育	留守老人	201905
	U	女	25	小学	服务业工作者	202001
	V	女	37	小学	服务业工作者	202002
	C1	女	47	高中	村妇联主任	202009
BK村	F	男	18	初中	在读初中生	201906
	G	男	50	小学	鸡鸭养殖者	201907
	H	女	46	高中	村妇联主任	201908
	I	女	44	大专	中学教师	201909
	J	女	62	未受过教育	留守老人	201910
	W	女	22	大专	医学检验专业学生	202003
	X	女	25	高中	服务业工作者	202004
	D1	女	21	大专	小学教育专业学生	202010
	G1	女	35	小学	针织、刺绣出名的妇女	202013

续表

村名	姓名	性别	年龄	学历	职业	编号
ML村	K	男	38	高中	外出打工者	201911
	L	男	51	初中	茶叶种植者	201912
	M	女	19	高中	在读高中生	201913
	N	女	42	小学	女药师	201914
	O	女	27	高中	外出打工者	201915
	Y	女	38	未受过教育	服务业工作者（缅甸籍媳妇）	202005
	Z	女	75	未受过教育	抽旱烟的佤族老人	202006
	E1	女	23	大专	医学影像专业学生	202011
NL村	P	男	52	小学	竹子种植者	201916
	Q	男	75	未受过教育	茶叶种植者	201917
	R	女	25	大学	中学教师	201918
	S	女	39	初中	烤烟种植者	201919
	T	女	66	小学	留守老人	201920
	A1	女	35	小学	旅游村售卖针织挎包的女老板	202007
	B1	女	50	小学	出租车司机	202008
	F1	女	28	初中	外出打工者	202012

第二章 佤族妇女与经济

因身处大山深处，加之交通不便与经济落后，佤族妇女恪守"自给自足""男耕女织"的传统理念，承担着家庭生活中很多重要的职责，包括农耕劳作、采集、纺织、烹饪、照顾子女和老人等。她们作为家庭生活的主体力量，难以萌发经济参与的思想和行动。关于佤族研究的专著极少提及该主题，更多表现为系统地阐述佤族社会的经济形态，或重点提及佤族男性如何从事狩猎经济和农林经济。可以说，学术界关于佤族妇女经济状况的研究较为零散。

陶红梅以西盟县为例，分析了在国家新农村建设推进过程中佤族妇女在农、林、牧、渔及服务产业，尤其是餐饮业、住宿业、加工业、制造业等领域的参与情况。大部分佤族妇女从事的是技术含量低、可替代性强、收入不高的行业，仅有少量妇女勇于创新，自主创业。文中提及佤族妇女刘金峰创办佤族特色服饰公司、娜很养殖"冬瓜猪"的成功案例，强调了佤族妇女将传统文化与现代元素结合，在国家政策扶持的社会背景下寻求市场需求的重要性。杨兆麟提出，传统工艺品的制造可反映出妇女在佤族社会中的从属地位。他按性别分工对佤族传统工艺品制造进行了明确的划分：竹木雕刻、竹藤编制和金属锻炼主要为男性所从事，而棉麻纺织由女性承担。而享誉国内的佤族传统手艺体现为竹文化、茶文化、酒文化，在对之进行报道、采访、挖掘的过程中，依旧以男性为主体。在谈及木鼓文化时，因佤族木鼓有"公鼓"与"母鼓"之分，且"公鼓"的槽中间有一块木板连通，有学者于是认为这体现了佤族人对女性器官的崇拜。虽然这体现了母系社会中佤族妇女的至高形象，但实际上木鼓制作的操持者和文化描绘者依然为男性。再如，在沧源悬画、祭祀木人、牛角桩等重要的非遗文化中，佤族社会的操持者亦为男性。李宇鹏分析了农村青壮年劳动力外出务工后留守村寨的劳动力情况，尤其是中老年妇女在农耕劳作方面的压力不断增加，已打破了传统的"男耕女织"局面，她们已承担起了向来由男性从事的耕作劳动。一方面，现代科技的引进和新型农作物的推广对佤族妇女提出了更高的职能要求，她们在家庭经济收入方面的角色分量越来越重。另一方面，家庭内部的劳动亦没有相应减少。因此造成佤族留守妇女的休闲生活和闲暇意识被客观现实剥夺的现状。

第一节 沧源经济基本现状

沧源县一直是我国西南边境地区的传统农业县。当地的农业以种植业为主，农作物主要包括水稻、玉米、小麦、油菜、茶叶、中药材等。茶叶和林木产业是当地重要的经济来源。因为地理位置特殊，从20世纪60年代开始，国家对沧源地区给予了一定的政策扶持。当地政府因地制宜，使该地区从传统的单一粮食种植向发展多元化产业转变，发展茶叶、橡胶、甘蔗、核桃、竹子、烤烟等适应当地环境的经济作物，以提高沧源佤族的农业基础设施水平和农业综合生产力，同时提高土地利用率和农民收入。

1995年，沧源在和平协商的基础上实现了"直接过渡"，实现了土地公有制和"耕者有其田"，并陆续修建了蓄水工程，推行家庭联产承包责任制，使当地村民的收入不断提高，生产积极性得到了有效激发。到了2011年，沧源城镇居民的人均可支配收入从7137元增加到12099元，年均增长11.1%；农民人均纯收入从1159元增加到2768元，年均增长19.0%；农民人均口粮达到368公斤；金融机构各项存款余额从4.23亿元增加到17.82亿元，年均增长33.3%，各项贷款余额从4.22亿元增加到

5.13亿元，年均增长4.0%。以上数据表明，在国家、政府及当地群众的共同努力下，当地群众的生活水平不断提高，收入也在不断增加，社会生产力和群众收入水平实现了大幅度提高。

蔗糖业是沧源县的传统产业，也是当前政府财政收入和农民收入的主要来源，对促进当地经济发展和脱贫攻坚起到了关键作用。县政府高度重视蔗糖产业的发展，充分利用适宜甘蔗种植的地理和气候条件，采取了一系列对策和措施，如与科研机构合作，提升种植技术和加工工艺，推动产业升级。合作方式主要体现为村民与企业签订合同，为企业种植甘蔗，到了成熟的季节，由蔗糖公司统一回收，再为村民结算资金。该合作方式实现了企业与村民的双赢，同时带动了当地经济的发展。县政府、当地糖企及保险公司也通过"保险+期货"模式试点项目来保障蔗农收入和白糖价格稳定，降低市场风险。

近几年，沧源县以增加佤族居民收入为新农村建设的着力点，多措并举发展、壮大特色产业。一是依靠区位优势，拉动烟草产业的发展。烟草已成为推动沧源县农民增收和乡村振兴的重要产业之一，烤烟种植已经连续多年实现增产、增收，成为地方重要的支柱产业。2010年，全县共完成烤烟种植4200.00亩，鲜叶总产量达9125.00担，单产2.83担，实现农业总产值2634.65万元、亩均产值1855.39元、干烟斤价13.13元、纯收入1661.01万元、亩均纯收入1169.73元。二是大力发展核桃种植。自2007年起，沧源县委、县政府就将核桃产业作为农民致富的重点产业，加大了对核桃种植业的政策支持力度，包括提供种苗补贴、组织技术培训等措施，提升了农户的种植技术和管理水平。沧源的核桃种植面积累计达51.25万亩，在扩大种植面积的同时，沧源县还充分利用地理环境优势，生产出无污染、果大、壳薄、光泽度好、质地结实、仁白、味香、含油量高的优质核桃产品。核桃产业的发展有效带动了农民收入的增长，为脱贫攻坚和乡村振兴战略的实施提供了有力支持，同时也促进了当地经济的发展。三是竹子产业稳步发展。大力发展竹产业已成为当地佤族群众增加收入的新途径，目前全县累计完成竹子种植46.43万亩。"沧源县种竹、用竹比较广泛，从房屋建筑到生产、生活用品，群众活动领域均与竹子息息相关。通过竹纤维产业基地建设和竹业深加工项目的推进，将竹资源转化为高附加值的产品，如竹纤维制品、竹工艺品等，实现了从资源培育到加工增值的产业链条的延伸。当地年平均气温17.4℃，年均降雨量1763.5mm，气候适宜种植竹子，境内分布竹种达18属52种，是云南乃至全国竹种最为集中而丰富的地区"①。

然而，当地的种植业存在较大的风险。沧源地处山区，地质条件复杂，易受强降雨、洪涝、山体滑坡等自然灾害影响。如2011年的"4·6"强降雨天气导致的地质灾害对烤烟产业造成了重大的损失。近两年，沧源县政府一直在推广烤烟、竹子和核桃的种植，尽管给了一定的相关优惠（如种植烤烟就给一年的低保），但佤族村民在土地、种子、人工等方面的投入依旧很大，并且还存在失败的风险。BK村的张姐以10亩地种烤烟，第一年赚了3000元，第二年赔了18000元，就是一个典型事例。尽管加大生产性投入会有所回报，但由于核桃、竹子等作物在几年之后才会有收获，眼前生产性消费在村民的日常消费中占据很大的比例，严重影响了当地佤族村民的生活质量。

佤族村民的农业收入也很受限。政府努力推广经济作物将有利于提高当地村民的生活水平，但深加工方面相关设备、技术等的缺失使佤族的经济作物缺乏高附加值，村民收入的增加亦受限。沧源县核桃种植面积广，但全县没有一个核桃深加工基地，例如核桃露工厂等。核桃的深加工对技术要求较高，如在提取核桃油时必须解决好核桃仁油脂提取率低，容易氧化、变质等问题。核桃蛋白在加工过程中热稳定性较差、变性温度较低给核桃蛋白产品的开发和加工工艺带来了挑战。由于核桃的相关加工基地主要被设在临沧市，如果当地村民倾向于将核桃直接卖出，薄利多销，但价格随市场走势而波动明显，不仅产品附加值不高，赔本的风险也较大。核桃全身是宝，但目前人们对核桃的皮、壳等副产物的利用尚不充分，如果

---

① 中共临沧市委宣传部.最临沧[M].2017.

能对这些废弃物进行有效的综合利用，将进一步提高核桃产业的整体效益。为促进创业创新，推进脱贫攻坚，县妇联积极整合资源，开展各类活动。

第一，加强女性创业、就职培训，推进"巾帼成才行动"。加强女性创业、就职培训是一项具有深远意义的社会经济举措，旨在提升女性的就业技能和创业能力，促进性别平等，拓宽女性发展渠道，激发社会创新活力。2017年，县妇联共开展农村劳动力培训和转移就业培训982人次，其中建档立卡户470人次。新增转移就业700人次，其中建档立卡户94人次，全部表现为帮带和自发输出。新增创业5人次。举办"巾帼家政服务专业人员培训班"，邀请职业院校教师为60名学员讲授了家政服务理念、职业道德、母婴护理、安全与卫生、环境保护等家政服务知识，扩大了妇女在家政服务行业的就业面，提升了妇女的社会地位，树立了佤族妇女的新形象。（见图2-1）

图2-1 佤族妇女参加培训现场

个案G，BK村，男，50岁，鸡鸭养殖者，编号201907

"我老婆在东莞做保姆，一个月赚4000元，帮主人家带一个两岁的男孩子。之前参加过县里组织的家政培训，大概用了一周的时间；县里还根据对就业地的偏好推荐就业。这里的妇女只要勤快，就不用担心就业问题，收入要比留在村里多一两倍。"

第二，顺应时代新形势，推进"巾帼建功行动"。具体表现为增强农村实用技术的培训，顺应"互联网+"新趋势，通过佤族织锦等非遗技艺的培训，不仅保护并传承了民族文化，也帮助佤族女性将传统手艺转化为经济资源，开发文创产品，推动了文化产业的发展。加大对民族手工艺作坊等的扶持力度，积极引导佤族妇女把握机遇，创业发展；为当地女性提供系统的职业技能培训，增强她们在纺织、手工艺制作等方面的技能，从而提高她们的市场竞争力，增加她们的就业机会，促进居家灵活就业和就近创业。

个案 S，NL 村，女，39 岁，烤烟种植者，编号 201919
"村委会组织有刺绣基本功的妇女参加职业培训，请手工艺传承人给我们免费上课，教我们怎么将图案弄得更漂亮，让款式更新颖。村产业合作社和外面的老板达成协议，老板提供原材料，我们按照他们的标准进行刺绣加工。如绣一个小挎包的主面图案给100元，但得8个小时左右完成。（活儿）比较累，费眼睛。这样的活儿比较受50岁左右的妇女欢迎，她们要带孙子，不能外出打工。这个兼职能兼顾家庭，收入也稳定。"

第三，抓实脱贫攻坚工作，深化"巾帼关爱"行动。一是提高求职妇女的就业率。政府组织开展职业介绍、招聘会等，设立专门面向女性的招聘平台，帮助她们快速、有效地找到合适的工作岗位；提供有针对性的职业教育和培训，包括新兴行业和技术领域的知识更新，确保妇女获得适应市场需求的职业技能；针对进城务工妇女、失业和失地妇女、女大学生等群体建立灵活用工机制，如兼职、远程工作、弹性工作等，以适应不同阶段女性的生活。2017年，政府组织专场招聘会2场次，成功推荐女性就业66人，提供免费培训服务40次、1190人。其中先后协调相关部门组织妇女创业技能培训班32期，参加培训人员695人，享受培训补贴45人，自主创业成功女性10人。二是争取项目,帮助妇女创业就业。制定并落实针对女性脱贫的专项政策,包括提供小额信贷、扶贫贴息贷款等金融支持,降低妇女创业门槛。共完成30户"贷免扶补"小额创业贷款申报及发放工作,共完成237万元、25户"两个十万元"小微企业项目资金申报及发放工作。按照职业划分,佤族妇女主要分为留守妇女和外出务工妇女两部分。前者以老年妇女为主,主要务农,从事商品交易及旅游业;后者以年轻妇女居多,主要从事服务业,自主创业者较少。

第二节 留守妇女

随着中国经济转型和城市化进程加快,农村剩余劳动力大量转移到城市务工,我国农村社会呈现出"男工女农"的生产分工趋势。"男工女农"指男性劳动力外出打工,妇女留守村中务农。大量农村男性劳动力离开土地,进城务工,参与建筑、制造、服务等行业的劳动,成为农民工的重要组成部分。与此同时,农村妇女由于要承担照顾家庭的责任、受限于教育程度和社会文化,等等,更多留守农村,承担着种植业、养殖业、家务等劳动。在当地村寨,除了务农,很多佤族妇女还兼职从事商业、服务业等。事实上,从事"亦工亦农""亦农亦商"等混合型产业的妇女不少,往往难以划入具体的类型。她们农忙时从事耕种,农闲时兼顾其他事务,如出售农作物、手工艺品,参与计件加工业等。

一、种植业

对未涉及或初步涉及旅游业的佤族村寨而言,旅游业并没有给村民带来明显的经济收益,他们的经济收入的主要来源仍为种植业。种植业可大致分为传统种植业和科技种植业两种。传统种植业依赖人力和简单的农具，通常表现为小规模的家庭经营，资金和设备投资有限，多采用传统肥料和传统的病虫害防治方法，对环境的影响相对小，但产量受自然条件影响较大，也不稳定。科技种植业通过土地流转等方式实现了农田连片经营，提高了土地利用率，同时通过品种改良、设施农业等手段改善了品质，提高了经济效益。

当地传统种植业最普遍的作物是甘蔗和玉米。以BK村为例，大部分农户实行甘蔗与玉米轮流种植法，即1—6月种植甘蔗，7—12月种植玉米。妇女通常负责种植及护理甘蔗，待甘蔗丰收时，进城务工的丈夫赶至家中帮忙砍蔗。农忙结束后，他们返城继续务工，呈现出候鸟式迁移。种植、护理及收割玉米的农活儿则通常全部由妇女承担。可见，妇女在种植业当中扮演着极其重要的角色，身心负担较大。

个案H，BK村，女，46岁，村妇联主任，编号201908

"我们这里山地贫瘠，种植甘蔗比较容易。每户农家最少种植5亩以上，有的种植10多亩。等砍完甘蔗，就得忙着种玉米。我老公经常出去打工，没有办法，不打工更没有钱。所以他不在家，我把所有的农活儿和家务活儿都得包下来。"

调查发现，传统种植业没有为当地妇女带来较大的收入。以种植甘蔗为例，厂家派车进村收购，通常每车装载10吨甘蔗，按每吨450元的收购价格计算，每车甘蔗的毛利为4500元。如果以每亩产量5吨计算，10亩甘蔗的毛利则为2.25万元。除去甘蔗苗、化肥、农药、人力等成本，10亩甘蔗的纯利约为1.60万元。再以种植玉米为例，玉米每亩产量约为1200斤，如以每斤1元计算，10亩玉米的毛利为1.2万元。除去各项成本，10亩玉米的纯利约为1.0万元。如果实行甘蔗与玉米轮流种植法，均按照10亩田地计算，且基于甘蔗一年一季、玉米一年两季的种植进程，每户村民纯收入为$1.2 \times 2+1.6=4$（万元）。

随着与外界接触机会的增多，佤族妇女逐渐意识到科技发展种植业的重要性。从农作物品种看，一些妇女积极学习种植新品种，如澳洲坚果。澳洲坚果通常在3年内挂果，政府实行1500元/亩的补贴政策，在3年内陆续发放；收购商家提供果苗、化肥、药剂及技术支持，澳洲坚果的收购价格为26元/千克。按照亩产量100千克计算，10亩澳洲坚果收购总价达2.6万元。由于商家承担大部分成本，妇女的投入风险降低，主要表现为人力的投入。因此，澳洲坚果的获利空间比传统农作物品种大。与此同时，佤族妇女还意识到了合作种植及资源整合的重要性。合作种植能够扩大经营规模，形成集约化生产模式，从而实现规模经济效应，降低单位成本，提高农产品竞争力。合作种植还有利于风险分散，通过共同抵御市场风险和自然灾害增强抗风险能力。整合资源后，可以通过统一的种植标准和技术规范提升农产品品质，更容易达到绿色、有机等高标准认证，进入高端市场，增加产品附加值。佤族妇女主要在产业协会和小额贷款两方面促进了合作种植及资源整合：

（一）产业协会

近年来，一些佤族村寨相继成立了核桃、竹子、烤烟、橡胶、茶叶等产业协会。产业协会的主要目的在于更好地组织生产，提高村民的经济收入。在样本村寨的产业协会中，妇女人数比例普遍不高，约占各产业协会成员的15%。人员名单如表2-1所示：

表2-1 村产业协会妇女成员信息统计

村名	姓名	年龄	民族	文化程度	所在协会	职务
YH村	杨某芬	34	佤族	初中	核桃协会	副组长
	梁某兰	31	傣族	小学	核桃协会	代表
	李某梅	29	佤族	初中	竹子协会	代表
	曾某娟	28	佤族	小学	竹子协会	代表
BK村	肖某花	43	佤族	小学	烤烟协会	副组长
	王某	39	彝族	初中	烤烟协会	代表
	田某凤	37	佤族	初中	烤烟协会	代表

续表

村名	姓名	年龄	民族	文化程度	所在协会	职务
ML村	石某兰	46	彝族	未受过教育	橡胶协会	代表
	肖某秋	38	佤族	初中	橡胶协会	村民委员
	覃某玉	35	佤族	小学	茶叶协会	代表
NL村	杨某娜	28	佤族	初中	核桃协会	代表
	肖某枝	26	佤族	小学	竹子协会	代表
人数总计：12						

由上表可见，产业协会妇女成员具有以下几个特点：第一，年龄集中。她们的年龄主要集中在20几岁到40几岁。如果年龄过小，容易对产业的发展及产业协会的作用认知得不到位，缺乏关注兴趣；相反，如果年龄过大，容易感觉力不从心，缺乏参与热情。第二，民族成分集中。在统计的12人中，有2名彝族妇女、1名傣族妇女，其余均为佤族妇女，占统计人数的75%。非佤族的妇女均为外来媳妇，她们均经同村村民介绍，获知产业协会并参与其中。第三，文化程度集中。她们的受教育程度普遍较低，多为小学或初中学历。在样本村寨，学历稍高的妇女通常倾向于外出谋生或读书深造。在漂泊若干年后，多数人选择在县城或临沧市成家立业，极少选择返乡创业。因此，产业协会妇女成员大部分为留守人员。

产业协会的主要职责体现在三方面：第一，产业协会通常起服务、协调、指导、政策传达等作用。它们作为连接政府与农户的桥梁，可以向政府部门反映种植户的需求，帮助制定并实施有利于种植业发展的行业标准和扶持政策。第二，产业协会可以提供培训、技术指导、市场信息共享、产品质量监督等功能性服务。协会定期邀请技术人员到村中开设讲座，亲自到种植现场加以指导，以推动种植技术进步和产业升级，对种植科技化、高产化、绿能化起积极作用，协助农户提升产品品质和产量，拓宽销售渠道。第三，产业协会与外界经济组织签订合作协议。协会代表在收获季节组织村民统一收割，简单加工、打包，最终由收购组织直接派运。收购价格、流程、人员管理等事项均由产业协会出面落实。

个案S，NL村，女，39岁，烤烟种植者，编号201919

"外来人上门收购（烤烟）要靠（数）量，如果货物量少，运输成本就很高，他们就不乐意。他们的收购价格要比市场价格低6—8元/斤，但很多村民没有那么多时间、精力管销售，所以他们宁愿以低价格卖给收购商，这样比较省心，皆大欢喜。我之所以愿意加入协会，是认为女人也得参与经济，否则家中20亩核桃的出路实在令人担忧。在这里，我享受到了信息、技术和渠道，很好！"

烤烟通常由当地的佤族妇女加工、打包，由收购组织直接运走。烟叶在达到适宜的成熟度后，便由佤族妇女进行采摘。采摘后的烟叶需要被挂起来自然晾干，这个过程称为"晾烟"，目的在于去除一部分水，并实现初步发酵。在晾烟进行到一定程度后，烟叶就被送入专业的烤房进行烘烤。烘烤过程极为关键，它决定了烟叶的质量和风味，人们需要根据烟叶类型、生长环境等因素调整烘烤时间和温度，经过变黄、定色等阶段，烟叶会达到理想的色泽和香气。烤好的烟叶经过冷却，进入回潮工序，使之恢复适当的含水量，便于后续处理。回潮后的烟叶会被按照颜色、品质、大小等标准进行严格分级，确保不同等级的烟叶的相应用途。经过分级的烟叶将被进一步剔除病虫害叶、破损叶及杂质，保证质量。分级合格的烟叶会被进行压平整理，确保每片烟叶排列整齐且厚度均匀。被分好类别的烟叶会被根据收购标准和市场需求，按照一定的数量和规格进行打包。人们通常使用专用的烟草打包机进行紧实、定量、封装操作，包装材料可以是麻袋、塑料编织袋、特定规格的纸箱等。打包完成后，外包装将被进行密封处理，并贴上标签，注明烟叶的品种、产地、等级、重量等相关信息。封装好的烟叶将被销售给烟草公司。烤烟打包现场如图2-2所示：

图 2-2　烤烟打包现场

（二）小额贷款

近几年，政府在农村大力推广小额贷款政策。小额贷款在种植业中是重要的金融支持工具，主要解决种植户扩大生产规模、引进新技术或改进生产设施时的资金短缺问题。它能为农民提供灵活、快捷的融资渠道，对缺乏抵押物的小型农户来说尤为重要。2021年初，样本村YH村的核桃和竹子种植业渐成地方特色产业，面积和产量已形成一定的规模。个别妇女劳动能手通过智慧和巧手发家致富，顺势办理了小额信贷，主要用于种植技术的学习及网络销售渠道的拓展。

个案H，BK村，女，46岁，村妇联主任，编号201908

"村里有好几个妇女贷了款，她们都开淘宝店。淘宝店的押金不便宜，还要做产品设计和推广，不单要拼质量，还要拼价格，这是一个很长的摸索过程。一说核桃，老百姓可能都认为新疆的核桃好，那么我们就得突出自己的优势。"

然而，政府的小额贷款政策推广进行得并不顺利，主要缘于当地村民的还款能力评估不过关。主要表现为：第一，在进行风险评估时，农村金融机构往往沿用针对工商企业的标准和方法，而农村经济的季节性、非稳定性及农户收入来源的多元化使得传统的风控模式难以准确评价农户的信用状况和还款能力。第二，农户通常缺少有效的抵押物和担保人。由于土地使用权流转受限及动产登记制度不完善，农户获取贷款的难度加大。第三，农村社会信用体系建设滞后，农户资信信息难以被准确掌握，增加了金融机构发放无抵押贷款的风险感知。第四，农村地区的金融基础设施不完善，异地汇款难、结算不便等也会影响贷款资金的有效利用和回收。且小额贷款的还款期限为一年，周期有限，许多佤族村民难以确保如期归还贷款。

个案S，NL村，女，39岁，烤烟种植者，编号201919

"这是一种信用贷款，我们也想准时归还本金，但很多时候无法预知市场风险。还有一种情况：村民的固定存款本来就少，甚至没有，政府人员过来做还款能力评估的时候，就容易认为我们没有准时偿还本金的能力，不会轻易借给我们。"

二、养殖业

当地除了养殖猪、鸭、鸡等常见牲畜，还有部分村民养殖黄牛。养殖黄牛通常由家中的男性，尤其是父辈负责，妇女极少参与。养殖黄牛的主要目的并非宰杀，而是用来斗牛。如果用以宰杀，1岁左右的黄牛即可出栏；用以斗牛，5岁左右的黄牛则最具挑战性。两家男性通常约定在某个赶集日将黄牛拉至空旷场地，其他男性闻声赶至并围观。因当地佤族村民私下组织的斗牛活动含有不利于精神健康的成分，政府近年来进行了干预和制止。当地的佤族妇女也普遍对斗牛活动较为反感。

与斗牛活动相反，养殖井水虾受到BK村村民的普遍欢迎。自2015年起，县政府招商引资，在BK村建立了大型的井水虾养殖基地，因BK村所处地区水质洁净，适合养殖虾。商家在村头建起了多个虾池，以打井的方式抽水。但井水通常是地下水，温度较低，不适合直接用于养虾。必须将井水放置一段时间，待其温度升至适合井水虾生长的温度（通常为26—30℃），再进行换水或补水。井水往往含有较高的矿物质成分，导致水质较硬，影响虾类的生长和健康，因而需要通过曝晒、沉淀等方式降低水中的钙、镁离子含量，软化水质。还要科学、合理地安排投喂饵料的时间和量，确保虾类的营养成分达到标准。培育出来的井水虾通体透亮，口感极好，年产量1万斤左右，市场好评度高。

个案I，BK村，女，44岁，中学教师，编号201909

"我们村有个龙虾节，在每年的10月4日举行。届时村里会搞一个虾宴，到场贵宾以每人100元的价位，就可以吃得很惬意。如果政府收购水井虾，价格是40元／斤，每年供不应求。养殖场也聘用村中六七名妇女做工，工资2400元／月，可能比在家自己养猪、养鸭收入更稳定。"

三、商业

当地较为集中的经济商品交换主要有两种形式：乡集和镇集。

乡集指的是到勐角乡赶集。乡集每5天一次圩。每逢圩日，附近的村民便将自家种植的农产品、手工艺品、家禽、家畜等拿到集上出售，用以换取日常生活用品、农具和其他必需品。集上商品极为丰富，多为农家产品，如大米、烤烟、蔬菜、竹制品、茶叶、刺绣、饰品等，兜售者多为中老年妇女。（见图2-3）

图 2-3 集市上卖农产品的佤族妇女

在当地,乡集不仅是商品交换的场所,也是进行当地民族文化展示和交流的重要平台。在这里,人们可以见到各类佤族特色农产品、手工艺品及传统食品,同时还有机会体验到佤族的民俗活动和生活气息。NL村妇女S以种植烤烟为主要收入来源,同时利用空闲时间腌制橄榄,每逢圩日,便到集市上出售。

个案S,NL村,女,39岁,烤烟种植者,编号201919

"我家种植的烤烟,一般由中介商收购,尽管价格比自己拿到集市上卖便宜一些,但我图省事,而且这样也不用担心出售。我平时喜欢腌制东西,比如余甘子(橄榄)。这里有野生的,可生吃,但酸涩;我们喜欢加一些盐、辣椒,腌制后食用,比较开胃。我的售价是一瓶3元,大概有半斤(净重)。一般一个圩日能卖出6到8瓶。"

第二章 佤族妇女与经济

镇集指的是到勐董镇赶集。此集市无"圩日"之说，即每日均有市场。这种集市一般规模较大，辐射范围较广，不仅表现为当地农民带来自家生产的农产品、手工艺品等进行交易，还会吸引周边乡镇的商贩前来售卖商品，涵盖日常消费品、生产资料及各类服务项目。同时，政府利用该平台推广农业技术、扶贫政策、健康教育等公共服务内容，助力当地经济发展和社会进步。村口通常有面包车或三轮车往返村镇，费用按路程长短收取。农闲时，除了自驾小货车、摩托车，大部分村民愿意搭坐此类微型车赶集。以ML村为例，每人往返路费约20元。因路费较高，村民去镇里往往一次性购买很多商品，一是镇上商品相对便宜，种类繁多，二是可以节约路费。佤族妇女往往三五成群，结伴到镇上购物，这是为她们所共识的休闲方式。

个案N，ML村，女，42岁，女药师，编号201914

"我每个月去一趟镇里，把牙膏、卫生纸、洗洁精、醋、盐、糖等生活用品，还有家人的衣服、孩子的玩具都买齐。虽然路费有些贵，但东西便宜，也值了。再说还可以逛街，跟同伴一起聊天，我觉得很开心。我公婆不会干涉我，我这是在持家，不是在乱花钱。"

此外，村口每天早上都会有一些小摊位，兜售猪肉、蔬菜及当地特产，满足村民的日常生活需求。卖主通常是中老年妇女，她们边叼着旱烟，边与买主讨价还价。佤族村民不习惯使用杆秤论斤交易，而是论份售卖，如一只项鸡30元，一堆青菜2元。只要买主认为质量如意、价格公正便可成交，无须担忧存在缺斤短两现象。通常，一名佤族妇女在上午青菜售罄时可收入20余元。相比于诸如耕田等自给自足且看不到现金收入的劳动，中老年妇女往往更认可现金形式的商品交换。这一方面缘于她们无法掌握网络支付技能；另一方面，她们会因为手攥余钱而心生安全感。（见图2-4）

图 2-4　村头从事交易的佤族妇女

四、服务业

党的十九大提出的实施乡村振兴战略是以习近平同志为核心的党中央在新的历史时期对"三农"问题做出的重大决策部署。战略规划中反复强调繁荣发展乡村文化，传承、弘扬中华优秀传统文化。推进民族文化与乡村振兴深度融合有利于促进民族团结和社会安康，对边境地区有着重要的意义。

沧源县拥有灿烂的民族文化，拥有独特的佤族民间艺术、舞蹈、音乐、手工艺、传统节日等，例如"摸你黑"主题活动、百台木鼓千人甩发活动及以"司岗里"传说为主线的文化节庆都是具有极高的观赏性和体验性的文化旅游产品。沧源拥有壮观、溪流清澈的山川峡谷勐来大峡谷，以及世界罕见的大天坑等地质奇观。同时，良好的生态环境为游客提供了休闲度假，以及康体、养生的理想场所。广允缅寺等古迹展示了悠久的历史文化，沧源崖画更反映了佤族古老的生活方式和精神信仰，这些人文景观极具学术研究价值和旅游吸引力。沧源县通过打造"世界佤乡·秘境沧源"品牌，积极推进基础设施建设、景区和景点提质升级，发展了翁丁原始部落、班考民俗村等一系列原生态民族文化旅游项目，并成功实现了从单一的节庆旅游向多元化体验式旅游的转变。

图 2-5　翁丁部落列队迎宾的佤族妇女

同时，沧源周边的地理特点使之具备发展跨境旅游和边境贸易的独特优势。沧源文化旅游凭借当地独特的自然风光、深厚的民族文化、完善的旅游设施及多元化的旅游产品，形成了显著的竞争优势和发展潜力。近年来，村庄发展生态文明旅游业的热情高涨，通过政府引导和市场推进，沧源文化旅游品牌的知名度有了很大的提升。（见图2-5、图2-6）

图 2-6　新米节参演的佤族妇女

国际旅游学会授予沧源国际旅游度假区、国际自然生态旅游目的地、文化旅游目的地、国际边境线旅游目的地、国际少数民族与国际旅游目的地五项发展与营销证书；新华社《半月谈》杂志社、全国生态文明城市与景区推选办公室、中国国情调查研究中心授予沧源"中国最具原生态景区"；住房和城乡建设部、文化和旅游部授予翁丁村第三批全国特色景观旅游名镇名村；中国城市竞争力研究会授予沧源"2014中国文化竞争力十强县"、2015中国最美丽县第六名。国务院出台的《关于促进旅游业改革发展的若干意见》明确规定"取消边境旅游项目审批，将旅行社经营边境游资格审批和外商投资旅行社业务许可下放至省级旅游部门"，对沧源尽早开通跨境旅游线路，争取异地办证提供了政策支持。旅游业的发展给佤族妇女带来了就业契机和发展空间，主要体现在以下两个方面：一，家庭收入提高，家居环境得以改善。约八成留守妇女认为旅游业给自己的生活带来了翻天覆地的改变。她们当中的大部分人有过从事歌舞、餐饮、刺绣产业，兜售民族用品等经历，比起之前自给自足、几乎与外界隔绝的农耕模式，她们的家庭收入已翻倍。同时，村庄的基础设施得以加快完善，如实现了交通水泥化、污水清理化、鱼塘改造化、家禽圈养化、灭蚊科学化、民众娱乐服务化等，使她们对居住环境现状较为满意。二，扩大视野，增进与外界的交流。国内外旅游者、学者及专家的来访使她们与外界交流的机会剧增，她们中的大多数不再感到害羞、自卑，在展示仪式、风俗、歌舞的过程中表现出较强的文化自觉和文化自信。值得一提的是，旅游业使当地的社会发展呈现出两面性。佤族村寨面临以下几个重要的问题：

第一，佤族文化传承面窄，流传范围受限。在样本村寨，精通传统文化，如熟悉民族历史、喜事和丧事习俗、传统节日庆典、日常村规和礼仪、民间艺术等方面的知识的人屈指可数，一些村民家中的织布机闲置已久。在接受采访的年轻人中，80%以上表示"就是学了佤族传统文化，用处也不大，不如到外地谋生"。

个案T，NL村，女，66岁，留守老人，编号201920

"村中懂得传统文化的多为中老年人。我比较擅长刺绣，是我母亲健在时传我的。现在的年轻人不愿意学习（刺绣），床套、枕套、衣服、鞋子这些都不太受欢迎；外来人反而感兴趣，他们愿意购买，但也不是为了学习，毕竟这不是一件容易做到的事情。我的两个女儿（今年）一个28岁，一个23岁，小时候跟我学过，外嫁后也没有继续学习，时间长了也忘记得差不多了。"

案例V，YH村，女，37岁，服务业工作者，编号202002

"刺绣我会一些，妈妈教的。她们那个年代的人差不多都会，技术比较熟练，刺绣品种多，尤其是图案比较复杂的。现在孩子忙着读书，我们也会让她们在周末、假期时学，愿不愿意学还要看她们自己。"

第二，在一些仪式的主持人的选择上有明显的性别取向。村中的"达旺"（当地对"会算日子"的人的称呼）上知天文，下知地理，通常较受欢迎。他们更倾向于在自己的儿子或侄子当中选择徒弟，妇女并不被列入考虑范围，因为他们认为这本身就是一种男性职业。

第三，从业人员整体文化水平不高。当地50岁以上的村民中极少有人能熟练听、说国家通用语言，国家通用语言水平较高者主要集中在40岁以下的群体。40—50岁的群体往往掌握部分国家通用语言，沟通障碍不大，但使用得欠流畅。

个案I，BK村，女，44岁，中学老师，编号201909

"我们村的村民整体文化教育水平不高。以小学学历为主，约占七成；其次是初中学历，约占两成；高中学历、大专及以上学历（的人）极少，有高中学历的不超过30人，有大专学历的有5人，去年出了个（硕士）研究生，还是个女娃，考取了云南大学，真为我们佤族，尤其是佤族妇女争光！"

第四，旅游产品种类单一，制作得较为粗糙。在YH村可买到的民族工艺品主要有佤锦、麻布、葫芦、银饰、布鞋等，但每类工艺品可选择的款式不多，且纯手工的作品较少，多以机械简单加工而成，质量不高。

个案A，YH村，男，48岁，核桃种植者，编号201901

"年轻人对这些工艺品不太感兴趣，他们更愿意穿戴显得时尚的东西。他们经常去乡镇或县城赶集，购买时髦的衣物。这边（工艺品）的购买者主要是游客。其实他们买回去也很少在日常生活中使用，多是做纪念，甚至事后就丢掉或送人了。如果纯手工制作的话，商品会卖得很贵，一般的游客不愿意花费太高，我们也觉得产量不大，不值得做。好的手工艺品会有博物馆、研究学者、商店卖家等提前预订，然后收购。所以你在村里看到的，往往都是这些做工很一般的商品。"

五、女药师

除了以上行业，佤族村寨中还存在一种特殊的职业——女药师。各样本村寨均有3—5名女药师。村寨地处滇西南，属亚热带和热带特点兼而有之的气候类型，形成了山青水绿的暖湿的生态环境，加上土壤层较厚且富含矿物质，为多种名贵中草药的生长提供了有利条件。中华人民共和国成立前，当地经济水平低下，村民保健意识不强，在衣服更换不及时、人畜共住、苍蝇和老鼠泛滥、随意放养鸡和鸭等情况下，很容易发生健康问题。那时的佤族地区医疗水平低下，村民无论得了小病还是大病，几乎全靠民间传统中草药。在相关刚性需求下，产生了不少赤脚医生，女药师算其中的一种。其医疗技术通常为祖传，根据父辈流传下来的秘方配制草药。随着当地医疗水平的提高，年轻的佤族人通常选择到医院或诊所就诊，年龄偏大的佤族人依旧倾向于求助民间药师，认为便宜、有效，尤其在治疗疑难杂症上，体现了对西药领域很好的补充。

个案N，ML村，女，42岁，女药师，编号201914

"我是1998年嫁到这个村的。我爷爷、父亲都会配制草药，他们在村中口碑不错。本来他们没有想过把这个（技术）传授给我，但我的哥哥和弟弟都对这个不感兴趣，我父亲实在没有办法，刚好我很感兴趣，就传给了我。嫁过来后，这个技术也跟着我过来了。因为离本家并不远，附近的几个村都知道我的技术水平。"

与男药师相似，女药师也主要采用内服、外敷两种治疗方式。治疗领域主要有以下几种：骨科，如关节炎、跌打损伤、腰椎间盘突出等；内科，如肠胃炎、肺炎、哮喘、高血压等；耳鼻喉科，如耳鸣、鼻炎、白内障等；妇科，如不孕、闭经、月经不调等。女药师通常向山林中的村民收购中草药，主要负责诊断和配药。常用的草药有龙胆草、鸡屎藤、灯台树、棕树银、益母草、南木香、车前草等。

在一般情况下，女药师将内服、外敷两种治疗方式并用。一服内服草药价格为3—10元，7服药为一个疗程。外敷药主要用于外涂和外洗。最常见的外涂药是药酒，一瓶200毫升的药酒价格为20—100元，早晚各涂抹一次，能用半个月左右；外洗则主要表现为将草药热熬、过滤后，用药水冲洗、浸泡患处，一服外洗药价格为5—20元，3服药为一个疗程。通常情况下，进行一个疗程，疗效基本就会显现，村民可在严格遵循药师建议的基础上，坚持一个疗程后再自行决定是否继续购买药品。

相比于男药师，女药师配药更细心，更擅长治疗妇女病、幼儿病及老人病。部分妇女由于不甚重视日常的妇科保健，染上了妇女病，常见的有痛经、闭经、各类妇科炎症等；有些妇女面临产后问题，如奶水不足、奶涨等。常见的幼儿病有小儿肺炎、腹泻、发烧、感冒、消化不良等。常见的老人病有腰椎间盘突出、高血压、风湿病等。以颈椎病、腰椎间盘突出的祖传药熏治疗法为例：

第一步，把药袋放进容器，将1斤50℃左右的白酒倒入其中，浸泡10小时后备用。浸泡过程中要将容器盖好，以免药液蒸发。

第二步，将浸泡好的药袋连同容器放入锅中蒸热。先在床上放一个热水袋，以保持药温；再在上面铺一层塑料袋，以免弄脏热水袋；然后把蒸热的药袋放在上面。如果颈椎有问题，病人就平躺，将颈椎部位靠在上面，每20分钟把药袋翻过来一次，接着热敷；如果腰椎有问题，就趴着进行上述步骤。

第三步，药袋被使用了5天后，需要将药酒洒在被蒸热的药袋上，盖上药酒瓶的盖子即可。相关注意事项如下：

"每个药袋使用10天，每天2次，每次1小时。

每个药袋必须接触皮肤，温度必须是皮肤能接受的，避免烫伤。

要将使用过的药袋盖好，以免药液蒸发。

药酒只能外用，切忌口服，要妥善保管。"

乡村医生收费不高，且村邻关系和睦，村民即使没有足够的医药费，也可用鸡、鸭、烤烟、粮食等折抵。此外，佤族女药师还积累了多种偏方、土方，药材廉价，治疗效果好。如治疗高血压可将野芹菜、棕树根和桑寄生同熬；可将益母草煎汤，温洗小腹，以治闭经；防止蚊虫叮咬婴儿，可将猪胆捅破，然后煲水，温洗其全身；因内热而流鼻血，可将新鲜青蒿叶揉烂后塞鼻；等等。

第三节 外出务工妇女

由于沧源地区经济发展水平相对滞后，劳动力输出成为增加家庭收入的重要途径。近年来，佤族妇女劳务输出现象较为普遍。因之前交通闭塞、信息不对称，当地劳务输出起点较晚，始于21世纪初期，于2010年后真正形成大规模。佤族妇女劳务流入地的分布较为集中，省内主要为昆明、沧源、临沧等，省外主要为山东、广东、浙江、新疆等。劳务输出增加了当地人的家庭收入，同时使妇女在扩大视野、提高技能、改变思想等方面得到了长足的发展。她们当中的一部分人与丈夫在同一地域就业；另一部分人则相反，主要视就业地是否有适合的工作而做决定。

个案O，ML村，女，27岁，外出打工者，编号201915

"我和老公在外打工有三四年。我们有一儿、一女，现在他们都已经上了小学，日常生活主要由爷爷、奶奶照顾。我老公去新疆种植棉花，一年收入大概有5万元。他很少回来，一年回来一次。我在昆明做餐饮服务员，主要负责下单、招待客人，一年收入大概有4万元。我一年回家五六次，主要在过年、过节和老人生日时回来。外出打工以前，我连普通话都说不好，听起来也吃力。现在交流没有太大问题，用QQ、微信的语音和视频也没有问题。"

当被问及为何不与丈夫在同一地域就业时，她回答，外出打工主要由熟人介绍，她便与村中两个姐妹结伴去了昆明。因务工的饭店主打云南料理，需要招聘当地人。丈夫则由邻村一名亲戚介绍到新疆，她本人因不适应新疆的气候，不打算跟随。调查发现，当地流动的佤族妇女有以下四个特点：

第一，从事的行业较为单一，技术含量低。接受采访的妇女大部分从事手工业、餐饮业、建筑业，少数从事旅游业，上岗前缺少相应的专业培训。她们所从事的工作强度大、持续性长，平均每天工作10个小时，每周休息1天。但劳动强度并没有与收入成正比，她们的月收入一般为2500元左右。

第二，相关合法权益难以得到保护。由于流动性强，佤族流动妇女的社会保障和权益保障问题，如劳动权益保护、基本医疗保障、子女教育等问题比较突出。她们大多文化水平不高，法律意识较为淡薄，很少有人与用人单位签订合同。在遇到老板少发工资、不发工资等类似情况时，她们也不懂运用法律手段维权，相反，以忍气吞声和主动离职为主。

第三，劳务输出中介机构不健全，输出具有盲目性和分散性。她们大部分经亲戚、邻居介绍进入当前所从事的行业，工作地点的随机性亦较强。当地也有妇联组织、劳务中介的介入，但工作效率低，约束也大。约七成佤族妇女认为并不需要中介服务，除非出国打工，在联系用人单位、合同签订、办理手续方面，他们的服务才会得到体现。

第四，劳动力的年龄趋于年轻化，40岁以下者占主体。佤族妇女外出务工的意识较强，只要找到合适的岗位，她们通常愿意背井离乡。不少未婚妇女认为外出打工会改变自己的婚姻观念，她们不介意嫁到异族或异地，择偶标准逐渐提高。早年，她们以性格忠厚老实、会谋生为主要择偶标准；当前，她们还将外表、家境、双方是否有共同语言等情况纳入考虑范围。

第三章 佤族妇女与参政

马桢认为，佤族木鼓的起源神话、造型、祭祀活动等与女性有关，这些木鼓文化的背后是佤族社会对女性的尊重，且这种尊重反映在现代日常生活，如水酒文化中。贵宾到来时，第一杯水酒由女主人或家中年纪最大的女人喝，并由她敬给贵宾。再如佤族男人对女人的评价："我们佤族的女人是万能的。"马桢对女性主义者关于女性身体方面的局限性带来的社会不平等提出疑问，认为应该在对女性身体上的差异进行客观评价的基础上探讨社会平等问题。

也有学者提出，在现实社会中，男女之间的不平等并非建立在身体差异的基础上，而是男权社会规则的作用的体现。周俊华等人梳理了佤族历史上政治权力的划分，"窝郎""头人""魔巴"体现了男权社会中世袭制度的普遍存在。对于头人会议和寨民大会，佤族女性也缺少话语权。杨云燕揭示了现阶段佤族女性农民工婚育由崇尚惯习到崇尚《婚姻法》、由族内婚到族际婚、由感性生育到理性生育、由早婚到晚婚等的转变，这种婚育权限的扩大化，同时带来了妇女身心保健不到位、流动人员婚姻信息失真、婚姻相关问题难以管理等现实问题。

事实上，佤族妇女的参政情况直接反映出了该群体在佤族社会的地位和受尊重的程度。妇女的参政情况主要表现在妇女干部的比例和所任要职、妇女对村干部的选举权和投票权、基层妇联组织的影响力、妇女参与日常公共事务的权利和积极性等几个方面。

第一节　妇女干部

佤族妇女干部是民族政治生活的重要参与者，也是推动当地社会发展和民族文化传承的力量之一。随着国家对少数民族地区政策扶持及性别平等观念的普及，佤族妇女的社会地位逐渐提升，越来越多的佤族女性通过教育、培训等方式提高自身素质，参与基层管理和公共事务决策。她们不仅在乡村自治组织中发挥作用，还在各级政府机关、企事业单位、妇联等机构中担任干部职务，在维护妇女、儿童权益，促进当地经济发展、文化传承等方面做出了积极的贡献。

《沧源佤族自治县自治条例》是根据《中华人民共和国宪法》和《中华人民共和国民族区域自治法》，结合沧源佤族自治县（以下简称"自治县"）政治、经济、文化的特点制定的。该条例于1990年沧源佤族自治县第七届人民代表大会第一次会议通过，于1991年1月1日施行。2006年经县级人大会议修订、省级人大会议批准，于同年7月7日施行。第七章"自治县的干部职工队伍建设"中"自治机关大力培养各民族干部和妇女干部"部分提及"在机关及事业单位录用人员时，应合理确认佤族和其他少数民族人员名额和比例，并适当放宽招考录用条件"[①]。可见，佤族妇女干部成为连接政府和民间、传统和现代的桥梁，对于推动佤族社会的进步具有重要的意义。

佤族妇女在民族干部队伍中主要集中于镇、乡或村的妇联，且人数不多。官方数据显示：截至2017年底，沧源县有10个乡（镇）妇联、93个村（社区）妇联、835个妇女小组，83个机关、企事业单位均成立了妇委会（女工委），并配齐了妇委会（女工委）主任；各乡（镇）妇联主席均

[①] 周本贞.中国少数民族大辞典·佤族卷[M].昆明：云南民族出版社，2014.

由乡（镇）副科级实职女性领导担任，妇联组织网络不断得到健全。93个村（社区）共选举出村妇女主席93人（其中村书记或主任担任9人，村副书记或副主任担任20人，村监督委员会主任担任1人，村其他"两委"委员担任63人）；执委1416人，其中兼职副主席279人，其他执委1044人，执委总数较改革前增加了552人。从担任要职看，佤族妇女在村庄所任职务以妇联主任为主，担任书记等要职的不多。从担任人数看，佤族妇女干部村均1人，与男性村干部人数相比，所占比例不高。

第二节 参政议政

改革开放以来，YH村对村民自治提出了新的要求，并进行了新的尝试。1996年，YH村由原来的村公所改为村民委员会，由村民自由行使自治权。村民委员会干部经村民民主选举产生，村民对村民委员会成员具有监督权；乡政府只对村民委员会有指导权。YH村村民委员会由1名主任、1名副主任、3名委员共5人组成。其中有1名妇女，即杨某花委员，主要负责日常的妇女权益、计划生育、卫生工作、家庭和邻里纠纷等。村里设有党总支，与村民委员会共同商议、决策村中公共事务。党总支现有正式党员28名，其中女党员3名，占正式党员的10.7%；预备党员4名，其中女预备党员1名，占预备党员的25.0%。支部设有3名支委，即支书1名、组织委员1名、宣传委员1名，其中宣传委员为妇女。（见图3-1）

图 3-1 参与村民党员会议的佤族妇女

在 BK 村，对村妇联主任进行深入访谈后发现，当地一些佤族村寨的基层妇联工作主要存在经费和人事两方面的困境：在经费方面，一是农村留守妇女、儿童关爱工作缺乏专项经费，导致关爱弱势群体的工作面窄，特别是一些病、残留守妇女和儿童有时会感到有申诉之处，却得不到实质上的救助。二是"妇"字阵地建设困难。由于缺乏县妇联的工作经费支持，村里的"妇女之家"活动率低，村妇联与村中妇女的互动并不顺利。三是村妇联主任工资低，村妇女组长一般没有工资收入，导致一些村寨的妇联主任、妇女组长职位无人担任，即使有人担任，工作积极性也容易受挫。

个案 H，BK 村，女，46 岁，村妇联主任，编号 201908

"我的工资是 1400 元/月，工资确实不够日常工作开展中的开支，比如出面调解的电话费得花不少。村里事情繁杂，丈夫贪玩、女方与公婆有矛盾等，我都得出面，没有一天是闲的。关键是一些村民意识有限，还不理解我。我打算明年不做（村妇联主任）了，到县城开一家美容店，与朋友合伙经营，总比现在收入好。"

在人事方面，改革后的村妇联组织队伍素质参差不齐，虽尽力将各行业的优秀女性吸纳到妇联组织当中，但文化理念、素质水平等的不尽相同导致选举出来的各级妇联班子成员整体素质差距较大，使落实任务、推广工作具有一定的局限性。

个案I，BK村，女，44岁，中学教师，编号201909
"我认为优秀女性不愿意从事妇联一线工作，最主要的原因是待遇低。如果学历高、能力强、人脉关系广，完全可以在县城里从事更体面、收入更高的职业。有的大学生愿意做村干部，过了三五年还得重新分配，基本上能回城的都回城了，还解决了编制问题，真正扎根农村的外来人太少，本地人又跟不上职业要求，这就是一个怪圈。"

佤族妇女获得的政治权益主要体现为选举权和被选举权。为了解佤族妇女的个人状况对"选举权"和"被选举权"的影响，调查组构造了如下2个实证回归模型：

$$Y_1 = C_1 + \beta_1 age + \beta_2 educational + \beta_3 profession + \beta_4 marriage + \beta_5 working + \varepsilon_1 \quad (1)$$

$$Y_2 = C_2 + \beta_1 age + \beta_2 educational + \beta_3 profession + \beta_4 marriage + \beta_5 working + \varepsilon_2 \quad (2)$$

其中，Y_1、Y_2分别为佤族妇女的"选举权"和"被选举权"，C_i为常数，β_i为各个自变量的偏回归系数，age、$educational$、$profession$、$marriage$、$working$分别为受访佤族妇女的年龄、学历、职业、婚姻状况和打工经历基本信息，ε_1、ε_2为随机扰动项。

将佤族妇女的个人状况设为自变量，将其政治权益设为因变量，考察受访者个人状况对政治权益获得的影响。从总体来看，2个模型的R^2分别为0.498和0.549，表明模型拟合优度好。模型的P值均为0，表明可以对模型进行分析。

表3-1 佤族妇女政治权益的实证分析

自变量	因变量 政治权益	
	模型1 （选举权）	模型2 （被选举权）
（常量）	1.341** （0.600）	1.540*** （0.342）
年龄	0.506*** （0.086）	−0.052 （0.049）
学历	0.063 （0.106）	−0.154** （0.060）
职业	−0.002 （0.020）	0.066*** （0.011）
婚姻状况	−0.423* （0.236）	−0.120 （0.134）
打工经历	0.035 （0.164）	0.196** （0.094）
F	8.487	11.144
R^2	0.498	0.549
P	0	0

注：***表示在1%以下显著，**表示在5%以下显著，*表示在10%以下显著。括号里为标准误差。

从年龄结构看，受访者的年龄对"选举权"有显著正向影响，影响系数为0.506（P＜0.01）。表明年龄越大的佤族妇女，越积极参与到村干部的投票选举活动中。

从职业情况看，受访者的职业对"被选举权"有显著正向影响，影响系数为0.066（P＜0.01）。表明与务农的佤族妇女相比，非务农的佤族妇女会更为积极地争取被选举权。

综上，佤族妇女的"选举权"和"被选举权"受制于个人状况，尤其是年龄和职业。具体而言，高龄的佤族妇女更珍惜"选举权"，非务农的佤族妇女更珍惜"被选举权"。调查发现，低龄的佤族妇女往往选择外出打工或读书，她们留守村寨的时间相对短，因此默认放弃"选举权"的概率更高。非务农的佤族妇女的参政意识相对高，村妇联主任职务往往由"被选举权"意识较高的先进个人担任。（见表3-1）

第三节　其他合法权益

对县妇联推广相关工作，80%以上的受访村民均表示会积极配合，前提是"有利于村寨利益，有利于维护佤族妇女合法权益"，尤其在与当地传统习惯、价值理念高度重合的情况下，村民愿意去遵循并配合。如当地村民反对家暴，崇尚尊老爱幼。在实行一夫一妻制的佤族社会里，妇女在家庭、村庄中的地位和所起的作用有目共睹，因而，妇女合法权益亦相应得到了保护。如NL村在村规、民约中明确规定："对家人实施侮辱、虐待、打骂等家庭暴力者，按情节轻重处以罚款100—200元，并在全村范围内张贴布告；严重者将被移交法律机关处理。"

个案S，NL村，女，39岁，烤烟种植者，编号201919

"我们村以前有个男的，经常酒后打骂老婆。他老婆是外地人，刚开始忍气吞声，后来实在忍无可忍，就跑到村委会申诉。村妇联主任找那个男的沟通了很多次，还对他进行了相应处罚。全村人都知道了这件事，他觉得很丢人。通过学习法律常识，他意识到了自己的错误，后来还戒酒了，现在和他老婆相处得还可以。"

再如，村寨发展旅游业需要解决游客安全、舒适住宿的问题，县妇联于是发动妇女群众积极投身提升人居环境的工作，组织专家深入村寨进行专题培训，重点对鞋柜整理和安置、卧室衣物摆放、被子规范叠放、卫生间洗漱用具摆放、厨房餐具清洁和摆放、农具规范放置、土特产安全上架、屋顶清洁、废品处置等进行现场示范。以上活动均受到了佤族妇女，尤其是从事旅游业者的支持和肯定。

个案O，ML村，女，27岁，外出打工者，编号201915

"外地老板来开民宿，还是挺愿意招聘我们（佤族妇女）做服务员的。我们主要从事清理房间的工作。报酬基本上以间数计算，打扫一间给10元，大概要花费一个小时。一天做8个房间收入也就80元，但已经非常疲倦。因为工作的要求比较高，需要深度清洁，还要经过严格的岗前培训，包括如何礼貌待人、不随意动客人的物品、要有拾金不昧的精神等。在旅游淡季，我们的收入就更低，因为不能保证每天都打扫8个房间。所以我做了半年服务员就进城打工了。"

县妇联运用法治方式依法维权，服务妇女。具体表现为开展"反对家庭暴力""三八维权周"等主题活动，加强《妇女权益保障法》《反家庭暴力法》等法律知识的宣传，推动《云南省家庭暴力告诫制度实施办法》《云南省家庭暴力人身安全保护令制度实施办法》的有序实施。通过举行法制集中宣传活动、摆放咨询台、挂横幅、发放宣传资料、现场提供法律咨询、举办主题晚会等形式，妇女的合法权益意识和自我保护意识得以明显提高。

持续深入开展禁毒和艾滋病防治工作。县妇联与相关部门合作，借助"妇女之家""禁毒防艾工作坊"等平台，常态化开展专题宣传教育工作，强化群众的防治意识，遏制艾滋病的蔓延，控制吸毒人员的增加，消除群众对艾滋病患者、戒毒人员的歧视。（见图3-2）

图 3-2 2021 年县妇联下乡对村民开展"禁毒防艾"座谈会

调查发现，佤族妇女对艾滋病传播途径的认知状况良好，详况如图 3-3 所示：

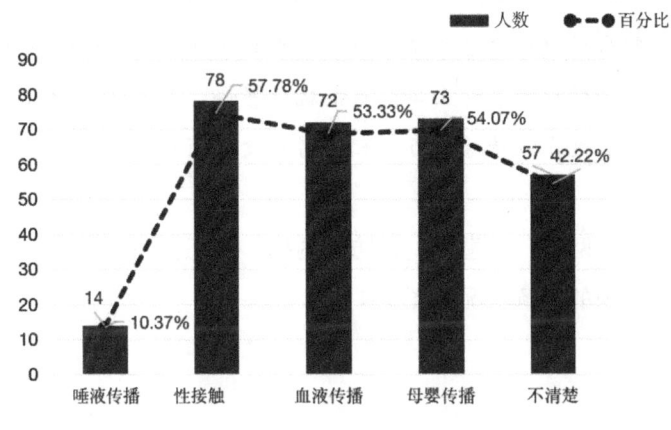

图 3-3 佤族妇女对艾滋病传播途径的认知情况分布

由上图可见，超过一半的佤族妇女对艾滋病主要传播途径的认知较到位。认为艾滋病主要传播途径为"性接触传播""血液传播"和"母婴传播"的佤族妇女人数分别为 78、72 和 73，各占总人数比例的 57.78%、

53.33%和54.07%；仍有57名佤族妇女对艾滋病的传播途径"不清楚"，占总人数比例的42.22%；另有14名佤族妇女错误地认为艾滋病的传播途径为"唾液"，占总人数比例的10.37%。以上数据表明，在佤族地区，人们对艾滋病知识中的传播途径认知得比较到位，不少佤族妇女知晓艾滋病的主要传播途径，这也体现了佤族妇女对预防艾滋病的重视。不清楚艾滋病传播途径的佤族妇女主要出于年龄偏大、文化水平偏低等原因。此外，少数佤族妇女对"性接触传播"持回避态度，该群体多为未婚者，在接受问卷调查时显出害羞的神态。总体而言，在佤族妇女群体中宣传预防艾滋病知识的力度仍需提升。

积极帮助"两癌"妇女。向省、市妇联争取"两癌"救助金（中央专项彩票公益金），面向全县93个村进行"两癌"患者调查统计。目前，全县已统计上报10名"两癌"患者，发放救助金27000元。

个案D，YH村，女，22岁，外出打工者，编号201904

"村委会每年会组织2—3次宣传活动，主要宣传远离毒品、艾滋病。我们一开始觉得跟自己没啥关系；后来意识到一些别有用心的人可通过各种各样的诱骗手段让受害者上当，我们就得警惕，对不认识的人还是得谨慎。艾滋病可通过血液传播，万一相关器具没有消毒，很容易感染。"

除了救助"两癌"病患者，预防"两癌"的工作同等重要。佤族妇女对"两癌"常识的了解状况如图3-4所示：

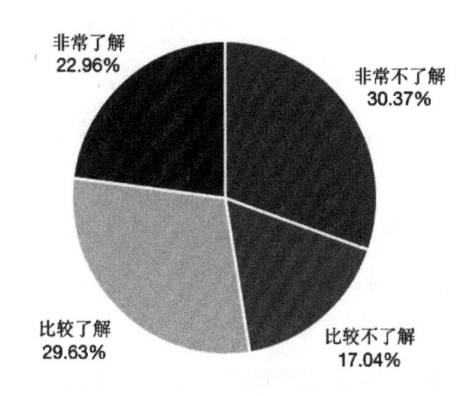

图 3-4 佤族妇女有关"两癌"常识的了解情况分布

由上图可见，31名佤族妇女对"两癌"常识持"非常了解"态度，占总人数比例的22.96%，分别有40名和41名佤族妇女对"两癌"常识持"比较了解"和"非常不了解"态度，分别占总人数比例的29.63%和30.37%，23名佤族妇女对"两癌"常识持"比较不了解"态度，占总人数比例的17.04%。总体而言，佤族妇女对"两癌"常识的认知程度呈现出不平衡状态，主要缘于佤族妇女的文化水平差别较大。文化水平越高的佤族妇女对"两癌"常识的认知程度越高；反之，文化水平越低的佤族妇女对"两癌"常识的认知程度越低。此外，少量佤族妇女对"两癌"常识缺乏认知或对"两癌"持侥幸心理，较少参与村中"两癌"常识的宣传活动。此外，在健身和娱乐、技能培训、乡村服务等方面，佤族妇女的合法权益也得到了最大限度的保护。

在健身和娱乐方面，各级妇联利用"三八"契机，举办健身游园、文艺晚会、拔河比赛等健康文体活动。数据显示，2020年，沧源县共举办游园活动34场，参与者5094人次；共举办文艺晚会19场，参与者15000余人次；共举办篮球赛8场，参与者800余人次；共举办拔河比赛8场，参与者2600余人次。此外，县妇联与县总工会联合举办了"相约阿佤山·牵手幸福梦"单身青年联谊活动，来自全县各行业的130余名单身青年参加了活动。

个案D，YH村，女，22岁，外出打工者，编号201904

"以前村民只关注传统节日，很多村民不知道有妇女节。现在村委会利用妇女节组织每年不同的文体活动，大家意识到了妇女也有自己的节日。只要政府提倡并支持，我们都愿意过（这样的节日）。"

在技能培训方面，各级妇联组织开展边境村妇女"劳动力转移"培训，如就地、就近，"居家灵活就业"等转移培训，创造进入可就业岗位的机会，使佤族妇女重新认识到自己的能力，开创了佤族妇女既能就业，又能顾家的融洽局面。同时，妇联还经常举办提升基层妇联干部综合能力的系列培训。

在乡村服务方面，各级妇联通过各类暖心活动带动佤族妇女参与乡村服务建设。如沧源女性暖心进入村（社区）"两委"；开展"把爱带回家"送温暖活动，方便女性农民工、农村留守儿童的生产和生活；开展"佤山儿童保护互助营"活动，促进儿童快乐成长；慰问"两癌"贫困妇女；开展巾帼洁净行动，助力乡村振兴……在妇联的带领下，佤族妇女利用自己的力量服务乡村人民，促进了乡村振兴。

可见，佤族妇女的全面发展离不开地方政府，尤其是妇联的组织和鼓励。政府参与为系列活动的有序开展提供了有力的保障。

第四章 佤族妇女与婚姻

关于佤族研究的专著虽然主要表现为从全方位、综合性的视角进行研究，但都或多或少涉及佤族妇女婚姻的研究。比如，李洁对佤族地区婚俗传统与变迁进行了详尽的分析，如旧社会时佤族社会盛行姑舅表婚，现今男女青年自由恋爱，没有地域、民族之隔阂，但是舅舅、父亲、媒人的权威仍然具有象征意义。中华人民共和国成立后，佤族婚礼过程热闹，包含闹洞房环节，乐器铜铓在演奏结婚进行曲的过程中地位保持不变。现代佤族婚礼依然朴素、不铺张、不追求功利，对社会道德礼仪如尊重长辈、夫妻和睦的恪守和遵循值得肯定。

以佤族妇女的婚姻、家庭为主题的研究较多，各具亮点。马建雄指出，汉族人口出生性别比升高，引发少数民族地区妇女的婚姻迁徙，进而使当地的婚姻挤压和其他社会问题日益凸显（2004）；朱和双等人分析，佤族社会对禁止同姓通婚、婚前性行为、婚外性行为等规则的践行主要以信仰来约束。男女之间一旦触碰相关底线，整个村寨都会受到牵连，遭到惩罚。因此，佤族社会男女之间的界限十分严格，体现了社会控制的积极功能。持相似观点的学者还有赵秀兰，她对同姓通婚禁忌的根源进行了剖析。白志红等人提及，人口外流使佤族男性遭遇了婚姻挤压，并由此引发了佤族夫妻年龄差持续增大，即老夫少妻现象的常见。肖楚舒指出，跨国婚姻可引发当地户籍管理、生育、教育、就业、治安等方面的一系列社会问题。张书峰分析了社会转型期佤族的传统生育文化呈现出的晚育观念、性别平等、少生和优生、关爱女性等新型人口文化特征，以及引发转变的原因和社会功能。

　　佤族婚姻在历史上多表现为一夫一妻的形式。中华人民共和国成立前曾盛行姑舅表婚，即舅舅家的儿子娶姑姑家的女儿，这主要缘于过去交通不便、地域封闭、经济拮据和避免同性通婚。中华人民共和国成立后，姑舅表婚不再成为婚姻的主流形式，逐渐被自由恋爱取代，包办婚姻现象逐渐减少。

　　在佤族文化中，音乐和歌唱是民众日常生活、情感交流及族群社交活动的重要组成部分。在爱情面前，佤族妇女在不敢直接以语言表达爱慕之情的情况下，可通过民歌的形式间接表达。民歌是民间艺术形式的精髓，它直接源自生活，饱含了人们最真实、最朴素的情感。用民歌来表达爱意，可以传达出最为深厚而诚挚的情感，不加掩饰，直达人心。民歌拥有优美的旋律、富有诗意的歌词和独特的曲调，能够深刻地展现爱情的喜怒哀乐、甜蜜和苦涩，以艺术化的形式将复杂而细腻的情感呈现出来。这一点从当地的经典民歌《赶摆遇见你》中可窥见：

　　赶摆那天我遇见你，是你偷走了我的心。
　　从此我天天想着你，身心已经两分离。
　　茫茫人海我寻找你，找不到你我心着急。
　　想拿根绳子来找你，把你我紧紧捆绑在一起。
　　花再美，不如你，我已爱上你。
　　花再香，也不如你，梦里见到你。
　　花再美，不如你，我已爱上你。
　　花再香，也不如你，从此在梦里见到你。[①]

　　该歌曲简单、明了，表达了佤族妇女芳心已动，对意中人日夜思慕之情。侧面反映出佤族妇女已抛却不敢表露爱意的羞涩本性，实现了大胆表

---

① 中共临沧市委，临沧市人民政府.云南省临沧市少数民族经典歌曲选[M].2013.

露相思之苦、勇于追求完美爱情的夙愿。诸如此类的爱情歌曲通过口口相传得以流传，成为佤族文化的重要组成部分。它们不仅表达了佤族妇女的个人情感，还延续并弘扬了民族文化。由于源于大众生活，这些民歌容易引发听者的共鸣。在公共场合，如节日庆典或者聚会上唱情歌，可以让更多的人感受到演唱者的情愫，使演唱者很自然地得到众人的祝福和支持。

第一节　择偶标准

择偶标准指人们在寻找生活伴侣的过程中个人或社会文化普遍认可的重要的特质、条件和期望。尽管佤族妇女的择偶标准各具特色，但多数人认为"品行"最为重要。在接受访谈的12名佤族妇女（22—64岁）中，有11人表示在择偶方面最看重对方的"品行"。她们一致认为，如果心地不善良，就算对方其他条件再好，也没什么意义。对于在择偶标准上排第二位和第三位的内容，妇女年龄的差异是其中一个重要的主导因素。在多数35岁以下的佤族妇女看来，在择偶标准上排第二位的是"相貌"。她们认为相貌会影响相见、相处过程中的满意度，且遗传基因将影响下一代的容貌。相反，在多数35岁以上的佤族妇女看来，在择偶标准上排第二位的是"经济条件"。她们认为，如果对方经济条件差，嫁过去不仅自己吃苦，下一代也会跟着吃苦。具体分布情况如表4-1所示：

表4-1　佤族妇女择偶标准的年龄分布

年龄	择偶标准					
	品行		相貌		经济条件	
	人数	比例（%）	人数	比例（%）	人数	比例（%）
22—35岁	6	91.7	5	66.7	3	58.3
35岁以上	5		3		4	

访谈发现，人际交往群体、是否有外出打工经历及网络媒体三种因素对佤族妇女择偶观的影响较明显。从人际交往群体看，不同的人际交往圈子往往有其特定的社会规范和价值观，村内或村际同龄人之间的交流和劝诫极其重要。

个案D，YH村，女，22岁，外出打工者，编号201904

"我在村里有三个好姐妹，一个是堂妹，另外两个是小学同学。我们无话不谈，包括谈对象问题。她们比我结婚早，是过来人，她们建议我挑个经济条件好点的，这样我能过得舒畅。人生只有一次，过日子不能将就。"

个案N，NL村，女，42岁，女药师，编号201914

"我之前的男朋友挺帅，就是喜欢喝酒，有时候喝醉了还闹事。后来姐妹劝告我，如果嫁给他，回头被他酒后殴打就麻烦了。我听后果断分手。现在的老公人挺好，虽然相貌一般，但没什么坏毛病，对我比较体贴。"

可见，深厚的情感和共同的话题增强了人际交往群体对佤族妇女择偶观的影响力。父母虽爱护女儿，但两代人的立场、观点往往难以达成一致。同龄人则容易感同身受，所提建议有理、有据且具有时效性。

从是否有外出打工经历上看，有外出打工经历的佤族妇女的择偶观趋于两极分化，即表现出"只谈不嫁"和"非他不嫁"的思想倾向。

个案S，NL村，女，39岁，烤烟种植者，编号201919

"我之前谈了3个男朋友，现在单身，家人说我眼光高。我外出打工5年多，见过很多类型的男人。也有朋友给我介绍过男朋友，我觉得都不太合适。不是年龄太大，甚至离异；就是太年轻，没有责任感；再就是家庭负担太重，或者长得不太好看。"

第四章　佤族妇女与婚姻

个案U，YH村，女，25岁，服务业工作者，编号202001

"我和老公是当年在珠海打工时认识的，我们一见钟情。我父母非常反对，嫌他没有稳定的工作。我就是觉得他这个人脾气好、勤快、靠谱。我们谈了4年，家里人最后也同意了。"

可见，"只谈不嫁"和"非他不嫁"的佤族妇女的择偶观主要受外界的社会环境及价值观影响。"只谈不嫁"的佤族妇女往往眼光较高，且对自身条件比较有信心。接受采访时，她们大多表示"与外界接触后，才发现，自己原来的圈子那么小，择偶范围太狭窄"。相反，"非他不嫁"的佤族妇女往往比较务实，且内心或多或少缺乏安全感。"只有跟知根知底、老老实实的男人过日子才靠谱。"此外，没有外出打工经历的佤族妇女的择偶观往往比较单一，在自我选择、家人及媒人促成等共同作用下，早恋、早婚现象较为普遍。当地妇女婚龄主要集中在20—23岁；超过25岁不婚且没有在外打工者，容易受到非议。

从网络媒体看，在现代社会，"微信""QQ""微博""珍爱网""抖音"等交友平台对佤族妇女择偶观的影响日趋明显。通过网络媒介，她们可以跨越地域界线，结识更多潜在的交往对象，极大地扩大了选择范围。不少年轻的佤族妇女善于利用好友推荐、自寻好友等方式扩大朋友圈。在网络平台上，用户可以便捷地了解对方的基本信息、兴趣爱好、生活状态等，能够更快速地筛选符合自己的择偶标准的人。她们对网恋并不排斥，往往经过一段时间的网络交往，再决定是否见面或进一步发展。

个案D，YH村，女，22岁，外出打工者，编号201904

"我有个QQ好友，也是沧源人，家距离我们村20公里左右。我们之前聊了挺久，后来约了在镇上见面。第一次见面时很期待，也有些尴尬，后来慢慢就好了。现在我们已经在谈朋友了。我觉得要比找本村人好，本村没有几个同龄人，且条件都不太合适。"

综上，随着经济、社会的快速发展，佤族地区的生活水平逐渐提高，教育普及率也随之提高。佤族妇女的知识结构和价值观发生了变化，她们不仅追求物质生活保障，也重视精神层面的匹配度，比如共同的兴趣爱好、相似的人生目标等。国家推行民族区域自治政策，以及相关法律、法规对妇女权益的保护提升了佤族妇女的社会地位和自我意识。她们在婚姻中的自主权得到尊重，更多地参与到婚姻决策中，能够按照自己的意愿和理想去选择配偶。同时，佤族社会与外界的联系愈发密切，佤族妇女的世界观、人生观、价值观亦随之被注入了新元素，恰好体现了理性与感性、现代与传统、外界与自我的调适和融合。爱情自由、平等、互敬等现代婚恋观开始深入人心，促使佤族妇女在选择配偶时更加关注彼此的感情基础和个人品质。不管持有怎样的择偶观，受制于哪些影响因素，佤族妇女在婚姻大事上都以自我决定为主，父母强制性干预的案例极少。

为进一步分析佤族妇女的个人状况，如年龄、学历、职业、婚姻状况、打工经历等对民族、品行、相貌、经济条件、文化水平、职业、所在地区等择偶要求的影响情况，调查组构造了如下7个实证回归模型：

$$Y_1 = C_1 + \beta_1 age + \beta_2 educational + \beta_3 profession + \beta_4 marriage + \beta_5 working + \varepsilon_1 \quad (1)$$

$$Y_2 = C_2 + \beta_1 age + \beta_2 educational + \beta_3 profession + \beta_4 marriage + \beta_5 working + \varepsilon_2 \quad (2)$$

$$Y_3 = C_3 + \beta_1 age + \beta_2 educational + \beta_3 profession + \beta_4 marriage + \beta_5 working + \varepsilon_3 \quad (3)$$

$$Y_4 = C_4 + \beta_1 age + \beta_2 educational + \beta_3 profession + \beta_4 marriage + \beta_5 working + \varepsilon_4 \quad (4)$$

$$Y_5 = C_5 + \beta_1 age + \beta_2 educational + \beta_3 profession + \beta_4 marriage + \beta_5 working + \varepsilon_5 \quad (5)$$

$$Y_6 = C_6 + \beta_1 age + \beta_2 educational + \beta_3 profession + \beta_4 marriage + \beta_5 working + \varepsilon_6 \quad (6)$$

$$Y_7 = C_7 + \beta_1 age + \beta_2 educational + \beta_3 profession + \\ \beta_4 marriage + \beta_5 working + \varepsilon_7 \quad\quad (7)$$

其中，Y_1、Y_2、Y_3、Y_4、Y_5、Y_6、Y_7分别为佤族妇女择偶标准中的民族、品行、相貌、经济条件、文化水平、职业、所在地区因素，C_i为常数，β_i为各个自变量的偏回归系数，age、educational、profession、marriage、working分别为受访佤族妇女的年龄、学历、职业、婚姻状况和打工经历基本信息，ε_1、ε_2、ε_3、ε_4、ε_5、ε_6、ε_7为随机扰动项。

将基本信息特征设为自变量，将择偶标准设为因变量考察受访者不同的信息特征对择偶标准的影响。除了模型2，其余6个模型的R^2分别为0.678、0.594、0.663、0.654、0.603和0.642，表明模型拟合优度好。除了模型2，其余6个模型的P值均为0，表明可以对模型进行分析。

表4-2 佤族妇女择偶标准的实证分析1

自变量	模型1（民族）	模型2（品行）	模型3（相貌）	模型4（经济条件）	模型5（文化水平）	模型6（职业）	模型7（所在地区）
（常量）	1.021***（0.275）	0.937***（0.065）	-0.654**（0.310）	1.699***（0.286）	0.260（0.282）	0.046（0.305）	0.412（0.291）
年龄	0.205***（0.040）	0.008（0.009）	0.058（0.045）	0.187***（0.041）	0.236***（0.041）	0.144***（0.044）	0.061（0.042）
学历	-0.283***（0.048）	-0.005（0.011）	-0.245***（0.055）	0.142***（0.050）	0.081（0.050）	0.041（0.054）	-0.007（0.051）
职业	-0.015*（0.009）	0.000（0.002）	0.034***（0.010）	-0.066***（0.009）	0.007（0.009）	-0.060***（0.010）	0.074***（0.010）
婚姻状况	0.415***（0.108）	0.019（0.025）	-0.014（0.122）	-0.464***（0.112）	-0.385***（0.111）	0.169（0.120）	-0.394***（0.114）
打工经历	0.171**（0.075）	0.021（0.018）	0.465***（0.085）	-0.303***（0.078）	-0.436***（0.077）	-0.164*（0.084）	0.224***（0.080）
F	22.097	1.291	14.056	20.195	19.280	14.766	18.124

续表

自变量	因变量						
	模型1（民族）	模型2（品行）	模型3（相貌）	模型4（经济条件）	模型5（文化水平）	模型6（职业）	模型7（所在地区）
R^2	0.678	0.218	0.594	0.663	0.654	0.603	0.642
P	0	0.272	0	0	0	0	0

注：***表示在1%以下显著，**表示在5%以下显著，*表示在10%以下显著。括号里为标准误差。

从年龄结构看，受访者的年龄对择偶对象的民族、经济条件、文化水平和职业有显著正向影响，影响系数分别为0.205（P＜0.01）、0.187（P＜0.01）、0.236（P＜0.01）和0.144（P＜0.01）。表明年龄越大的佤族妇女，越介意择偶对象的民族成分。从某种程度上反映出老年佤族妇女思想相对保守，族内通婚意识更明显。同时，年龄越大的佤族妇女，越看中择偶对象的经济条件、文化水平和职业。

从学历层次看，受访者的学历对择偶对象的民族、相貌和经济条件有显著影响。其中，学历对择偶对象的民族、相貌有显著负向影响，影响系数分别为-0.283（P＜0.01）和-0.245（P＜0.01）。表明学历越高的佤族妇女，越不介意择偶对象的民族和相貌。此外，学历对择偶对象的经济条件有显著正向影响，影响系数为0.142（P＜0.01）。表明学历越高的佤族妇女，越介意择偶对象的经济条件，越意识到"经济为婚姻提供基础和保障"的重要性和现实性。这些情况从某种程度上反映出学历使佤族妇女对择偶对象的经济条件的考虑更趋于理性化。

从职业情况看，受访者的职业对择偶对象的相貌、经济条件、职业和所在地区有显著影响。其中，职业对择偶对象的经济条件和职业有显著负向影响，影响系数分别为-0.066（P＜0.01）和-0.060（P＜0.01）。表明与务农的佤族妇女相比，非务农的佤族妇女更看重择偶对象的经济条件和职业。此外，职业对择偶对象的相貌和所在地区有显著正向影响，影响系数分别为0.034（P＜0.01）和0.074（P＜0.01）。表明与务农的佤族妇女相比，非务农的佤族妇女对择偶对象的相貌和所在地区看重的程度较低。

从婚姻状况看，受访者的婚姻状况对择偶对象的民族、经济条件、文化水平和所在地区有显著影响。其中，婚姻状况对择偶对象的经济条件、文化水平和所在地区有显著负向影响，影响系数分别为-0.464（P＜0.01）、-0.385（P＜0.01）和-0.394（P＜0.01）。表明与未婚佤族妇女相比，已婚佤族妇女对择偶对象的经济条件、文化水平和所在地区看重的程度较低。此外，婚姻状况对择偶对象的民族有显著正向影响，影响系数为0.415（P＜0.01）。表明与未婚佤族妇女相比，已婚佤族妇女更看重择偶对象的民族，即更倾向于族内通婚。

从打工经历看，受访者的打工经历对择偶对象的相貌、经济条件、文化水平和职业有显著影响。其中，打工经历对经济条件和文化水平有显著负向影响，影响系数分别为-0.303（P＜0.01）和-0.436（P＜0.01）。表明与无打工经历的佤族妇女相比，有打工经历的佤族妇女更看重择偶对象的经济条件和文化水平。此外，打工经历对择偶对象的相貌和所在地区有显著正向影响，影响系数分别为0.465（P＜0.01）和0.224（P＜0.01）。表明与无打工经历的佤族妇女相比，有打工经历的佤族妇女对择偶对象的相貌和所在地区看重的程度较低。

综上，佤族妇女的择偶标准在较大程度上受制于自身条件。具体而言，自身条件越好，择偶标准越高，在选择过程中表现得越理性。相反，自身条件越差，择偶标准越低，在选择过程中表现得越感性。此外，年龄越大，且无外出打工经历的佤族妇女，越受传统习俗和地方择偶习惯影响，越倾向于族内通婚。相反，年龄越小，且有外出打工经历的佤族妇女，越不受传统习俗和地方择偶习惯影响，对族际通婚的接纳程度越高。（见表4-2）

调查组还对佤族妇女的个人状况对择偶对象"是否同姓人""是否缅甸人""是否中国佤族人""是否中国外省云南人"因素的影响做了深入分析，构造了如下4个实证回归模型：

$$Y_1 = C_1 + \beta_1 age + \beta_2 educational + \beta_3 profession +$$
$$\beta_4 marriage + \beta_5 working + \varepsilon_1 \qquad (1)$$

$$Y_2 = C_2 + \beta_1 age + \beta_2 educational + \beta_3 profession +$$
$$\beta_4 marriage + \beta_5 working + \varepsilon_2 \qquad (2)$$

$$Y_3 = C_3 + \beta_1 age + \beta_2 educational + \beta_3 profession +$$
$$\beta_4 marriage + \beta_5 working + \varepsilon_3 \qquad (3)$$

$$Y_4 = C_4 + \beta_1 age + \beta_2 educational + \beta_3 profession +$$
$$\beta_4 marriage + \beta_5 working + \varepsilon_4 \qquad (4)$$

其中，Y_1、Y_2、Y_3、Y_4分别为佤族妇女择偶意愿中的"嫁同姓人""嫁缅甸人""嫁中国非佤族人"和"嫁中国外省非云南人"因素，C_i为常数，β_i为各个自变量的偏回归系数，age、educational、profession、marriage、working分别为受访佤族妇女的年龄、学历、职业、婚姻状况和打工经历基本信息，ε_1、ε_2、ε_3、ε_4为随机扰动项。

将基本信息特征设为自变量，将择偶意愿设为因变量，考察受访者不同的信息特征对择偶意愿的影响。从总体来看，4个模型的R^2分别为0.720、0.634、0.350和0.653，表明模型拟合优度好。模型的P值均为0，表明可以对模型进行分析。

表4-3 佤族妇女择偶标准的实证分析2

自变量	因变量			
	模型1（嫁同姓人）	模型2（嫁缅甸人）	模型3（嫁中国非佤族人）	模型4（嫁中国外省非云南人）
（常量）	0.466（0.525）	0.703（0.449）	2.965***（0.494）	3.185***（0.572）
年龄	0.322***（0.076）	−0.056（0.065）	0.061（0.071）	−0.019（0.082）
学历	−0.380***（0.101）	−0.084（0.079）	−0.082（0.087）	0.481***（0.092）

续表

自变量	因变量			
	模型1（嫁同姓人）	模型2（嫁缅甸人）	模型3（嫁中国非佤族人）	模型4（嫁中国外省非云南人）
职业	0.051***（0.017）	0.077***（0.015）	0（0.016）	0.167***（0.019）
婚姻状况	−0.505**（0.206）	0.140（0.177）	−0.383**（0.194）	−0.568**（0.225）
打工经历	−0.975***（0.075）	0.750***（0.123）	0.414***（0.135）	−0.063（0.157）
F	27.788	17.314	3.611	19.174
R^2	0.720	0.634	0.350	0.653
P	0	0	0	0

注：***表示在1%以下显著，**表示在5%以下显著，*表示在10%以下显著。括号里为标准误差。

从年龄结构看，受访者的年龄对择偶意愿中的"嫁同姓人"有显著正向影响，影响系数为0.322（P＜0.01）。表明年龄越大的佤族妇女，越介意嫁给同姓人，即忌讳同姓通婚。

从学历层次看，受访者的学历对择偶意愿中的"嫁同姓人"和"嫁中国外省非云南人"有显著影响。其中，学历对择偶意愿中的"嫁同姓人"有显著负向影响，影响系数为−0.380（P＜0.01）。表明与学历较低的佤族妇女相比，学历较高的佤族妇女，越不介意"嫁同姓人"，即择偶意愿更趋于理性化，同姓通婚禁忌越被淡化。此外，学历对择偶意愿中的"嫁中国外省非云南人"有显著正向影响，影响系数为0.481（P＜0.01）。表明与学历较低的佤族妇女相比，学历较高的佤族妇女，越介意"嫁外省非云南人"，即更倾向于"嫁本省云南人"。

从职业情况看，受访者的职业对择偶意愿中的"嫁同姓人""嫁缅甸人"和"嫁中国外省非云南人"有显著正向影响，影响系数分别为0.051（P＜

0.01）、0.077（P＜0.01）和0.167（P＜0.01）。表明与非务农的佤族妇女相比，务农的佤族妇女更介意"嫁同姓人""嫁缅甸人"和"嫁中国外省非云南人"。

从婚姻状况看，受访者的婚姻状况对择偶意愿中的"嫁同姓人""嫁中国非佤族人"和"嫁中国外省非云南人"有显著负向影响，影响系数分别为–0.505（P＜0.01）、–0.383（P＜0.01）和–0.568（P＜0.01）。表明与未婚佤族妇女相比，已婚佤族妇女并不介意"嫁同姓人""嫁中国非佤族人"和"嫁中国外省非云南人"。

从打工经历看，受访者的打工经历对择偶意愿中的"嫁同姓人""嫁缅甸人"和"嫁中国外省非云南人"有显著影响。其中，打工经历对"嫁同姓人"有显著负向影响，影响系数为–0.975（P＜0.01）。表明与无打工经历的佤族妇女相比，有打工经历的佤族妇女并不介意"嫁同姓人"。此外，打工经历对择偶意愿中的"嫁中国非佤族人"和"嫁缅甸人"有显著正向影响，影响系数分别为0.414（P＜0.01）和0.750（P＜0.01）。表明与无打工经历的佤族妇女相比，有打工经历的佤族妇女更倾向于"嫁非缅甸人"和"嫁中国佤族人"。

综上，佤族妇女的择偶意愿在较大程度上受制于自身阅历。自身阅历越丰富，在择偶上越有主见。具体而言，佤族妇女年龄越大，对本民族风俗的认可度越高，越忌讳同姓通婚等。学历水平越高的佤族妇女，越不忌讳同姓通婚，她们更懂得"同姓不一定是近亲，近亲不一定同姓"的道理。另外，学历水平较高的佤族妇女更注重"老乡"之间在语言、风俗、日常习惯等方面的共鸣；有非务农经历的佤族妇女的择偶意愿呈现出更大的包容性，即并不介意"嫁同姓人""嫁缅甸人"或"嫁中国外省非云南人"；有过婚姻史的佤族妇女的择偶意愿同样呈现出更大的包容性，即并不介意"嫁同姓人""嫁缅甸人"和"嫁中国外省非云南人"。（见表4-3）

第二节　婚姻禁忌

在旧社会，佤族忌讳同姓通婚，人们认为此举大逆不道，会惹怒"神仙"，招致惩罚。"同姓不婚"是佤族缔结婚姻关系中必须遵守的规则。同姓指出于同一祖先，具有血缘关系的佤族群体。旧时，为了制止同姓婚姻，佤族人常以非常严厉的规则进行防范，并世世代代沿袭。同姓人发生两性关系被认为是大逆不道，会招致全寨的旱涝、风灾、火灾、疾病等各种灾难。同姓人若发生关系，或者同姓人要成婚，全寨人要罚他们进行"扫寨"。

个案T，NL村，女，66岁，留守老人，编号201920
"我们村同姓的夫妻极少。我们这边的男娃到了该结婚的时候，就得到外面找。比如你姓杨，那你找姓韦的、姓黄的、姓王的都没有什么问题，只要不找姓杨的就行。"

这里的"同姓"特指宗族内的同姓，不泛指宗族外的同姓。近年来，受访村寨出现过通婚的现象，但双方都相距甚远，且无血缘近亲连带关系。此外，佤族社会还忌讳婚外情行为。佤族社会讲究爱情忠贞、厮守一生，信奉"线跟针，郎跟妹"的规矩。对于婚外情，佤族村民遵循严惩的村规。随着现代法治的深入，除了以乡规、民约为言行标杆，村民逐渐意识到村委会、法律介入的重要性和必要性。

个案H，BK村，女，46岁，村妇联主任，编号201908
"2011年，我们村一组的一个男的和三组的一个女的发生了不正常的男女关系，搞得两个家族不消停。后来这个男的的妻子找到了村委会。我们讨论决定召集当事人进行调解，还通知双方亲属旁听。最终男、女二人当众表态今后改过，不再重犯，并向各自家族公开道歉。"

个案U，YH村，女，25岁，服务业工作者，编号202001

"我希望村里多宣传法律。村里很多人不太懂法，只受村规约束。村里发生纠纷的时候，我觉得应该通过村委会、民法解决，不能什么都靠乡规、民约。"

对于婚前怀孕行为，大部分佤族村民依然遵循禁忌的村规，在民俗方面亦有严惩措施。

不仅村规对婚前怀孕行为进行限制和惩罚，大部分传统佤族妇女也不认同未婚先孕的行为。先同居，后领证的行为同样不被佤族妇女支持，具体调查问卷情况分析如图4-1所示：

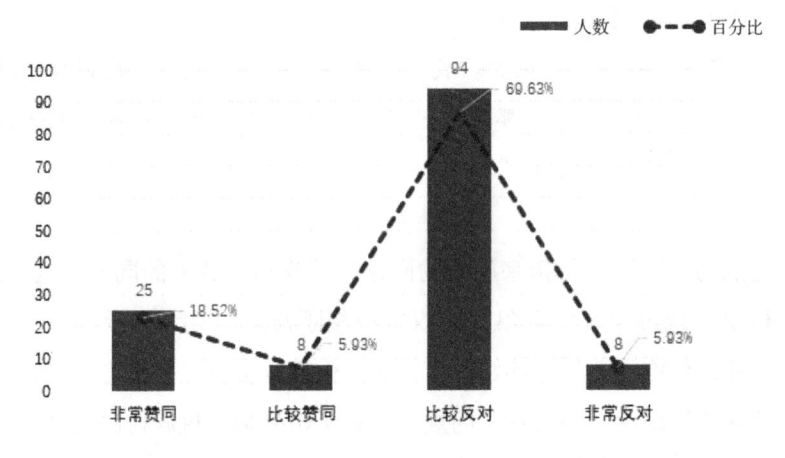

图4-1 关于"未婚先孕"观点的认同分布情况

由上图可见，94名佤族妇女对"未婚先孕"持"比较反对"的态度，占总人数的69.63%，25名佤族妇女对"未婚先孕"持"非常赞同"的态度，占总人数的18.52%，持"比较赞同"和"非常反对"态度的佤族妇女则均为8人，各占总人数的5.93%。总体而言，大部分佤族妇女的婚育理念较传统，并不赞同"未婚先孕"的行为。访谈发现，老年佤族妇女普遍对女儿甚至孙女同样持有该立场和态度。她们教育后代洁身自好，告诫她们"未婚先孕"的后果。当然，也有部分中青年佤族妇女接受"未婚先孕"。持该态度者往往是较年轻、有外出打工经历的佤族妇女，她们的思想比较开放，对婚前怀孕行为持宽容态度。

个案U，YH村，女，25岁，服务业工作者，编号202001

"我可以接受先怀孕，再结婚，先同居，再结婚。我相信自己的另一半。其实在我们村未婚先孕的人挺多，大家想法都差不多。"

个案V，YH村，女，37岁，服务业工作者，编号202002

"我和我老公是在同一个村子长大的，从小就认识了。生老大的时候我和他还没有结婚，生完孩子家里才催着结婚。我不介意未婚先孕。在我们这里先怀孕，再结婚挺普遍的，家里大人可能觉得不好，但是事情已经发生了，只能接受。"

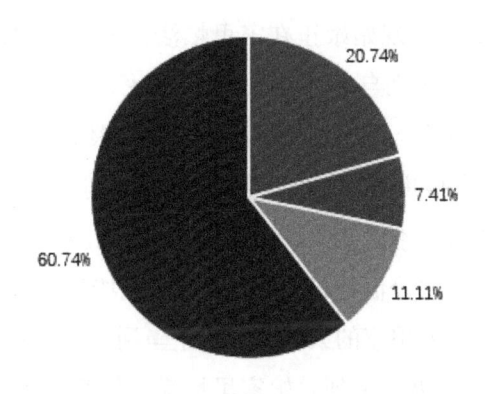

图4-2 关于"先同居，后领证"观点的认同分布情况

由图4-2可见，超过三分之二的佤族妇女对"先同居，后领证"的观点持反对态度。其中，60.74%的佤族妇女持"非常反对"态度，11.11%

的佤族妇女持"比较反对"态度。此外，20.74%的佤族妇女持"非常赞同"态度，7.41%的佤族妇女持"比较赞同"态度。根据以上数据可以推测，大部分佤族妇女不但反对"未婚先孕"，还反对"先同居，后领证"，她们持有传统的婚孕立场，保持传统的婚孕习惯。

第三节　婚俗变迁

在传统社会，佤族青年从恋爱到结婚大致经历以下三个阶段："串姑娘"、订婚和举行婚礼。

第一阶段为"串姑娘"。佤族男子一般从十七八岁的时候就开始"串姑娘"。"串姑娘"主要在晚间进行，男子到姑娘的住处玩。姑娘在家中可以一个人睡，也可以几个姑娘聚在一起睡。如若有男子前来"串"，根据当地礼仪，无论姑娘对该男子是否有意，都需要起来陪坐。同样，男子前来"串"时，如果发现姑娘正在家里忙活，就得主动帮助姑娘一起完成。当看到同寨的男子来自家"串"，姑娘的家人非但不会干涉，反而很开心。在佤族传统观念当中，适婚年龄的佤族姑娘如果一直没有被男子前来"串"，父母就会很焦虑，担心自家姑娘在村寨里名声不太好，甚至担心她将嫁到其他村寨。佤族有句俗语："好喝的菜汤不要泼出来，好姑娘不能嫁到别寨。"大部分佤族村民希望自家姑娘嫁在本寨。"串姑娘"的时候，男女一般坐在姑娘家的火塘旁，禁止坐到女方床上，因为此举被视为极其不道德。如果男子来到姑娘家里恰逢姑娘睡着了，男子需要先烧火，再把姑娘叫醒。

"串姑娘"往往是一种集体活动。晚饭后，佤族村寨里的青年男子相约去"串姑娘"。大家载歌载舞，互赠礼品。其间，男女还会相互梳头、嬉笑、打闹、送"秋波"、诉衷肠等，好不热闹。如果一个姑娘与几个男子在一起，这个姑娘就轮流为这些男子梳头；如果几个姑娘与几个男子在一起，每个姑娘就会选择一个男子，并为他梳头，或者男子有中意的姑娘，就会直接请这个姑娘为他梳头。梳头通常在较阴暗的屋檐下进行，一人坐一只篾凳，彼此窃窃私语。经过几次"串姑娘"，男子会主动送一些礼物，如手镯、项链、梳子、头巾等给自己看中的姑娘。对所有男子送来的礼物，姑娘都会愉悦地收下。收到的礼物越多，意味着中意自己的男子越多，自己的相貌和人品也得到了更多男子的认可；家人也会为自家姑娘感到高兴、自豪。当然，姑娘也会尽快将礼物退还给自己不中意的男子。"串姑娘"时，男子看中某位姑娘后，便直接上前抢她的首饰、头巾等饰物，这种行为代表向姑娘示爱并求婚。在这种情况下，姑娘不管是否愿意，都大声嚷叫，佯装反抗。如果姑娘在接下来的几天内没有要求男子返还被抢饰物，则表示她已经接受了该男子。如果认定了某个姑娘，男子就不会再与其他姑娘有来往；如果姑娘认定了某个男子，就会及时把其他男子的礼物退还。当佤族青年男女确定了恋人关系，他们就会脱离"串姑娘"的集体活动，开始单独交往，进而托媒人求婚、订婚，最终喜结连理。佤族的青年男女崇尚自由恋爱，双方通过相互交往逐渐了解，最后修成正果。若两人感情基础好，离婚的概率也相对低。男女双方对家庭条件看得较淡，就算双方父母极力反对也无用。

  在传统佤族社会，"串姑娘"的活动往往选在寨内的撒拉房进行。撒拉房是一种富有情调的佤族房屋建筑，也被称作"公房"，其构造并不复杂，由4根大柱、1根中间梁和若干条压条构成。撒拉房四面通风，以草片或瓦片覆顶，部分设有围栏，部分不设围栏，每根大柱之间以粗竹条或木板支起，作坐凳用。（见图4-3）

图 4-3　佤族的撒拉房

　　寨内村民习惯白天到撒拉房休憩、聊天,年轻人则晚上到撒拉房谈情说爱。青年男女一般通过梳头的方式求爱。如果若干个小伙子一起"串"一个姑娘,姑娘就会非常礼貌地接纳他们。当小伙子们表达清楚找对象的想法后(有时仅是来此闲聊),姑娘就从她不中意的小伙子开始,依次给他们梳头。她为这些小伙子每人梳头用的时间往往较短,约1分钟即可;把她中意的那个小伙子留在最后,用时最长,"无声胜有声",其余的小伙子就能直接领会到姑娘的心思并自觉离开。如果姑娘没有看上所有的小伙子,她为他们简单梳头后就直言:"我不够优秀,你们赶紧去找别的姑娘吧!"如果到了正式谈恋爱的阶段,男女双方就边梳头,边说情话。"串姑娘"不仅是一种恋爱方式,也是当地民族生活和文化的重要组成部分,它促进了年轻人的交往和互动,并且传承了丰富的民族、民间文化。有一首歌专门描写"串姑娘",歌名就叫《串姑娘》:

　　月光水一样,阿妹花一般。
　　村外江边静悄悄,阿妹快快来。
　　今晚梦一样,阿哥火一般。
　　村外江边弦子响哦,新房跳翻天。

好花绿叶伴，绿水绕青山。

阿哥阿妹有情义，相守到百年。

好花绿叶伴，绿水绕青山。

阿哥阿妹有情义，相守到百年，到百年。

今晚梦一样，阿哥火一般。

村外江边弦子响哦，新房跳翻天。

好花绿叶伴，绿水绕青山。

阿哥阿妹有情义，相守到百年。

好花绿叶伴，绿水绕青山。

阿哥阿妹有情义，相守到百年，到百年。

好花绿叶伴，绿水绕青山。

阿哥阿妹有情义，相守到百年。

好花绿叶伴，绿水绕青山。

阿哥阿妹有情义，相守到百年，到百年。

20世纪90年代后，"串姑娘"这种大众恋爱方式逐渐消失，更多以表演的方式展现给外来游客，体现出昨日文化的台上重现。

个案K，ML村，男，38岁，外出打工者，编号201911

"以前佤族村寨生活单调，人们的社会圈子太狭窄，只能通过'串姑娘'的方式找对象。现在的年轻人不喜欢磨磨蹭蹭、羞涩的交往方式。现在交通方便、信息量大，有意愿的一方直接发微信，约对方逛集市。另外，大家都跑出去读书、打工，哪有那么多年轻人留下来'串姑娘'呀？你们看到的仅仅是表演，也是旅游旺季的一个卖点。"

个案W，BK村，女，22岁，医学检验专业学生，编号202003

"之前谈过一次恋爱，对方是汉族，但现在不在一起了，主要原因是两个人性格不合。当时我们同班，互有好感，先是微信聊天，慢慢地就在一起了。我的很多朋友都在大学期间谈恋爱，因为学历相当，容易产生共鸣。"

可见，当前的佤族青年男女已经将"串姑娘"视为娱乐、消遣、增收的有效途径和方法。如今，青年男女相识的途径有很多，如通过求学、打工、走亲访友、网络、同龄人介绍，甚至偶遇，等等。

第二阶段为订婚。订婚，佤语叫"朵帕克"。等时机成熟，小伙子便向父母禀报此事。在佤族寨子，当男方父母得知儿子爱上了某位姑娘，便煮烂饭宴请亲朋和邻里，以公之于众。接着，媒人端一碗烂饭送给女方父母，同意即收下，不同意则退回。佤族的订婚一般分为三个阶段进行：第一个阶段是媒人上门。即男方家找个口才好的媒人，带着一两斤串酒到女方家询问女方父母对这门亲事的看法。第二个阶段是送礼。一般带一斤茶叶、几包香烟、一坛水酒、一串芭蕉、一根甘蔗。媒人会带着男方及他的父母到女方家与女方、女方的父母及长辈见面。男女双方要当着所有人的面表明他们是真心相爱的。这时，即使女方父母同意这门亲事，也需要表达出推托之意，如"我家女儿懒，不配做您家的媳妇"等。女方父母这样做的目的，一是试探这对情侣的爱情是否牢固，二是对男方父母强调自家女儿没有他们期待的那么好，他们日后需要对她多包容。第三个阶段是商定婚期，这也是最重要的阶段。这时，男方、男方的父母及长辈将一起到女方家商定婚期。男方家需要带一只大公鸡、十多斤大米、一坨盐巴、一坛水酒、几包香烟、一串芭蕉等。女方家的亲戚也要到齐，并且准备丰盛的菜肴接待他们。订婚成功后，姑娘被不允许再参加"串姑娘"活动。倘若未遵守此规定，姑娘将受到未婚夫家的惩罚，甚至被取消婚约。

个案A，YH村，男，48岁，核桃种植者，编号201901

"我1995年结的婚，与妻子同村不同寨，自由恋爱了一年就订婚了。当时由我二姐夫、三叔出面到女方家提亲。准备了一瓶桑酒、两包香烟（红塔山、真龙各一包）、两斤生猪肉、两斤糖果作为礼物。提亲一共要进行三次，每次的礼物数量递增，第三次提亲时猪肉变成了十斤。另外，男方每次提亲都要给女方'吃奶钱',意思就是感谢姑娘的娘家对姑娘的养育之情。我每次都给了10元。三次提亲必须在一个月内完成。提亲结束后,女方负责定结婚'吉日'。"

第三阶段为举行婚礼。订婚后,男方家便着手准备彩礼。彩礼的种类较为丰富,通常有鸡、猪肉、糯米、白布、蜡烛、芭蕉、新衣等,男方还常常给女方准备一个大红包,红包内的钱数由男方的经济条件决定。近年来,红包内的钱数呈现出上升趋势,由20世纪80年代的数十元、90年代的数百元到如今的数千元。姑娘的嫁妆主要包括行李、衣服、背篓、锄头、镰刀、掇铲等,有的父母还给女儿带一蓬竹子。女方父母还会回赠给男方父亲一个筒帕、男方母亲一条裙子作为礼节。在一些佤族寨子,新郎要给女方舅父送礼,要送单数物件,外加一双鞋子、一个筒帕,家境不错的家庭还可以加送一条毯子。还有一些佤族寨子,新郎要送新娘的母亲奶汁钱,因为姑娘是吃母亲的乳汁长大的,如今姑娘长大了要外嫁,所以要给新娘的母亲奶汁钱作为感恩的礼物。

佤族婚礼通常被选在农闲季节进行,且由双方父母共同挑选时间。或选在农历四月,即从佤族举行砍牛尾巴祭祀活动到盖木鼓房的这个月;或选在九月至十二月,即修完房屋,晒台到祭祀"水鬼"这段时间内。婚礼通常持续两天,第一天的活动是男方家到女方家迎亲,第二天的活动是女方家到男方家送亲。迎亲和送亲有各自专门的队伍,要求每个队伍的人数为双数,约为20,且男、女各半,喻示"男女成双结对"。

仪仗队队员主要包括挂长镖的一人、挎长刀的一人、吹芦笙的一人、敲铜铓的三人、拿礼品的若干人,其他的便是随队人员。挂长镖者走在最前面,且必须是新郎的舅舅,因为舅舅在佤族婚姻习俗中占据着最重要的位置。舅舅在婚礼中充当领路的先锋。紧跟在挂长镖者后面的是挎长刀者,且必须是新郎的叔叔,叔叔通常负责保卫安全。紧跟叔叔的芦笙手是别姓的前来祝贺的好友。女方的仪仗队也是如此安排的。迎送亲前夕,双方都要做好充足的准备。迎亲队伍的队员们都会穿上新衣服,女队员更会穿上节日的盛装，手镯和项圈闪着银光，银链沙沙作响，显得队伍又壮观，又体面。迎亲队伍出发前，新郎到新娘家的路边已经站满了人。迎亲队伍出发后，舅舅大声向叔叔说："听听'吉祥鸟'的叫声！"叔叔连忙大声回应："听见了，叫声在我们的左前方。"舅舅高兴地说："太好了！那我们赶快走吧！"然后，他们边谈笑，边领队前行。路线是事先定好的，迎亲队伍喜爱绕远路，以向村里所有人展示自家喜事。许久，迎亲队伍到达新娘家门外，他们不能直接进屋，原来新娘家早已站满堵门的亲朋好友，许多客人也早已坐在屋里看热闹。这时候，挂长镖的舅舅试探性地问："屋里有人吗？"堵门的亲朋好友们笑嘻嘻地回答："有啊！你们是什么人？到我们家来干什么？"舅舅连忙答："我们是好人，路过此地，到你家来借宿，行吗？"堵门的亲朋好友们又说："你们好像是强盗，走开吧！"舅舅又赶忙说："我们确实是好人，是出来买牛、买马的，我们带了很多金子和银子。不信，你们出来看……"新郎舅舅费尽口舌、说尽好话，新娘的亲朋好友堵门嬉闹等，都是为了增加婚礼的喜庆气氛。最后，挎长刀的叔叔从口袋里取出几块银币，从门缝塞进去，赏给新娘家堵门的亲朋好友，最终门被打开了。门被打开后，新郎的舅舅、叔叔、芦笙手等被灌竹筒水酒，如果喝不完，就全泼在对方身上，好不热闹。

　　婚礼当天，男方及家人将所有的彩礼送至女方家，还将带来的一头肥猪在女方家宰杀，用以招待女方家亲戚。杀猪后的分肉是极其讲究的，首先要留下两条前腿，它们专属双方父母的弟兄。右腿留给新郎父母的兄弟姐妹，左腿留给新娘父母的兄弟姐妹，喻示"白头到老，不离不弃"。如果将左、右腿分错，他们认为预示着发生纠纷，双方可以不接受。分肉不计较分得多少，但是应被分得肉的兄弟姐妹都要被分到，否则会被认为不把他们当亲戚或兄弟姐妹，家庭也会因此难以和睦相处。剩下的肉才用于置席。宴席通常有10桌或12桌，均为双数。届时，有威望的村老还会被邀请参席，村老会送上新婚祝福。饭后，迎亲队解散。到了晚上，亲朋好友、左邻右舍都被请到新娘家喝水酒、唱调，唱调的内容都是关于爱情、婚姻的，任何人都可以唱。在形式上，有代表新郎和新娘两方进行对唱的，也有抒发情感的独唱。当天晚上，男方住女方家。

结婚第二天，新婚夫妇一起回夫家，娘家需要准备好陪嫁品。以前，纺纱、织布是佤族妇女必备的一项生活技能，因此，女儿出嫁时，往往将织布机作为不可或缺的陪嫁品。现今，佤族妇女不再将纺纱、织布视为一项必备的生活技能，织布机已不再被列入陪嫁品清单，而代之以衣服、床上三件套、电动车、摩托车等现代用品。路上，乐队吹笙箫，敲铓锣，热闹非凡。新郎背着一把长刀，扛着一棵香蕉，意为"生活美满"。新娘则表现为对娘家依依不舍，一路掩面哭泣。男方家宰猪接待亲友，也宴请村老，并请他送上祝福。村老的祝福语亦丰富多彩，如"我们要健康、长寿，我们要繁衍生息；让我们的手和脚像磐石般坚硬，让我们的生命如野藤般繁茂"。有的祝福语能反映出男方对女方的尊重和珍惜，如"都说女子金枝玉叶，都说女子貌美如花。金枝玉叶好比财富，貌美如花视为宝贝""娶她，让她长命百岁；娶她，让她幸福、快乐；娶她，我们能人丁兴旺；娶她，我们能财源广进"等。过去，结婚双方身穿传统民族服饰；现在的年轻人更向往并认可现代服装，西服、婚纱也走进了佤族村寨。结婚第三天，新婚夫妇回门拜访新娘父母。

综上，尽管当今佤族村民婚姻礼仪的流程与过去相似，但随着时间的推移和社会的进步，其表现形式趋于多样化和现代化。通常女方住男方家，亦有个别上门女婿住女方家。

个案A，YH村，男，48岁，核桃种植者，编号201901

"我到老婆家生活，主要是因为她只有姐妹，她家一共五个女儿。而我家比较穷，一共五个儿子、两个女儿。上门的话，娶老婆的成本低，给一些烤烟、茶叶、布、猪肉就可以了，因为我在这边要分担家里很大一部分体力活，相当于折合礼钱了。我想等过两年，家庭经济条件好一些，她的姐妹们也长大了，我们再回到我们家生活。孩子们出生还是随我姓，没有影响。"

此外，婚姻成本在不断增加。随着生活水平的提高和消费观念的变化，彩礼金额逐年上涨，婚宴相关花费，例如婚庆服务、酒店预订、婚宴酒席等也日益增多。同时，房子被视为婚姻稳定的重要因素，购房压力或者盖房压力成为结婚成本中的重要部分；装修新房，购买家具、家电等也是一笔不小的开支。结婚时购置汽车也逐渐成为一种新趋势，被认为是男方为新婚生活提供的必要保障。给女方的"三金"亦逐渐变成"五金"，即在原来金项链、金耳环和金戒指的基础上增加了金手镯和金脚镯。同时，婚纱摄影、度蜜月等各方面的消费也都在增加。婚姻成本越来越高成为佤族妇女外嫁的重要因素之一。当地妇女如果嫁本地人，通常得到男方的彩礼甚少（少于1万元），娘家甚至需要倒贴家电；相反，如果嫁至外地，通常得到男方的彩礼较多，一般为3万—10万元，主要看男方所在地的习俗、男方自身的财力及慷慨度。

个案G，BK村，男，50岁，鸡鸭养殖者，编号201907

"（我）侄女去年嫁到广西崇左，男方直接给了（侄女家）3.6万元的彩礼，也不需要娘家买什么家电。这彩礼算少的了；如果换了北方，彩礼更多。我们村有个姑娘前两年嫁到河南，男方直接给了（姑娘家）8.8万元的彩礼。对姑娘家来说，这些钱可能半辈子都挣不来。所以村里姑娘都努力往外嫁，不愿意嫁在本地。"

个案X，BK村，女，25岁，服务业工作者，编号202004

"我们这边嫁女儿基本都是倒贴，男方给一些家电就行。我有个闺蜜去年结婚，收了1.6万元的彩礼，我感觉太少了。我觉得这能看出他对我的重视，我父母还能用这笔钱养老。当然，这些要跟男方商量好，尽可能符合两家的意愿。"

根据问卷调查分析，佤族妇女结婚彩礼金额分布状况如表4-4所示：

表4-4 嫁在本地的样本妇女（18—30岁）婚礼金额的分布状况

金额	人数	比例（%）
1000元以下	4	5.80%
1000—5000元	9	13.04%
5001—10000元	15	21.74%
10001—20000元	26	37.68%
20001—30000元	12	17.39%
30000元以上	3	4.35%
合计	69	100.00%

注：此数据为2020年采集。

由上表可见，佤族妇女结婚彩礼金额在各区间的分布状况呈两边低、中间高的峰状趋势。即以结婚彩礼金额居中为主，所占比例较高；反之，结婚彩礼金额越少或越多的，所占比例越低。具体而言，结婚彩礼金额为"10001—20000元"的人数为26，占总人数比例的37.68%，所占比例最高；其次是结婚彩礼金额为"5001—10000元""20001—30000元"的人数，分别为15和12，各占总人数比例的21.74%和17.39%，所占比例略低；接着是结婚彩礼金额为"1000—5000元"的人数，为9，占总人数比例的13.04%，所占比例偏低；最后是结婚彩礼金额为"1000元以下""30000元以上"的人数，分别为4和3，各占总人数比例的5.80%和4.35%，所占比例最低。总体而言，大部分佤族妇女的结婚彩礼金额集中在"5001—30000元"这一区间，5000元以下的人数占总人数比例的18.84%，30000元以上的人数比例不到5%。访谈发现，当地佤族人对"嫁女赔钱"的观点比较认可，无论是订婚还是正式结婚。男方给女方的彩礼一般以食物为主，如猪、鸭、鸡、芭蕉、茶叶等，很多时候彩礼中也包括烤烟；而女方的陪嫁品多为大件生活用品，如家具、家电等，成本颇高。因此，不少受访的未婚佤族妇女萌生了外嫁其他民族，尤其是汉族的念头，主要基于汉族社会的结婚彩礼金额普遍高于佤族社会，她们不想增加娘家的经济负担，甚至希望通过外嫁贴补娘家，回报父母的养育之恩。在女方条件相似的情况下，佤族男性则更倾向于迎娶本族女性，也出于节省结婚彩礼金额、减轻家庭经济负担等考虑。还有一种情况：缅甸姑娘嫁到中国，彩礼更少。近年来，不少缅甸姑娘愿意嫁到中国，主要缘于中国经济发展水平较高，乡村生活较为稳定，娘家人则通常不要求男方付礼金。

按照国家法定婚龄，男性不得小于22周岁，妇女不得小于20周岁，且结婚必须办理相关手续，领取结婚证。根据沧源县1981年对《婚姻法》变通的规定："婚姻法定年龄变通为男方不得低于20岁，女方不得低于18周岁。适用对象包括沧源县境内各少数民族及定居在沧源农村的汉族社员。结婚双方是机关干部、企事业单位（国营与集体）职工者，仍按国家规定的法定婚龄执行。其中一方家住沧源农村者，男女双方可执行变通婚龄。"①

当前，佤族社会依然存在早婚现象。除了接受高等教育者，不少妇女在16—18岁便订婚甚至结婚。村民比较认同在村中摆结婚酒席并举行相关仪式，即使男女双方不到法定婚龄，只要经过村民认可，他们也可在村中共同生活，到了法定婚龄再补办相应的登记手续。但部分男女双方法律意识淡薄，结婚酒席已经结束多年，却仍未履行相关登记手续，导致个别妇女在个人相关利益受损时无法及时受到法律的保护。

佤族村民的家庭观念较重，多数人保持洁身自好的婚姻伦理道德观，因此感情不和导致离婚的案件不多。② 导致离婚的主要原因有以下三个：第一，夫妻长年不孕、不育。两人结婚数年甚至超过十年并未生育一男半女，经"修正婚姻"③ 仍无效者，被认为缘分已尽，便可和平分手。第二，

---

① 周本贞.中国少数民族大辞典·佤族卷[M].昆明：云南民族出版社，2014.

② 据2010年第六次全国人口普查，在佤族人民婚姻数据中，佤族15岁及15岁以上人口的已婚比例为64.76%，离婚比例为1.12%，丧偶比例为6.50%。周本贞.中国少数民族大辞典·佤族卷[M].昆明：云南民族出版社，2014.

③ 旧社会佤族村民针对多年未孕、未育的夫妻，重操婚礼加以"修正"的一种特殊仪式。

夫妻一方对婚姻不忠，经家族甚至村委会介入协调未果者，最后唯有各奔东西。第三，丈夫存在一系列不良行为，经常打骂妻子，妻子难以隐忍，选择离异。

在通常情况下，双方先到民政局登记离婚，然后男方带着茶叶、蜡烛、白布等到女方家说明离婚缘由，女方便回到娘家居住。如果婚内有一个孩子，通常孩子随父亲；如果婚内有两个孩子，通常一个孩子随一方。婚内财产夫妻平分，离异后孩子的抚养费按双方达成的协议付。如在婚内财产、孩子的抚养权等问题上有争议，可请村老、村委会出面调解。

个案H，BK村，女，46岁，村妇联主任，编号201908

"近五年来，我们村离婚现象比之前（20世纪90年代以来）统计数据的总和还多，平均每年有一两对。离婚原因主要是丈夫太懒，还有家庭暴力行为。妇女通常为了孩子一忍再忍；到最后忍无可忍，就来找村委会办离婚了。这个可以理解，不合适就不要勉强。"

对于婚姻关系的界定，大部分佤族妇女认同"以结婚证界定婚姻关系"的观点，仅有小部分佤族妇女认同"以摆酒席界定婚姻关系"的观点，详况如图4-4所示：

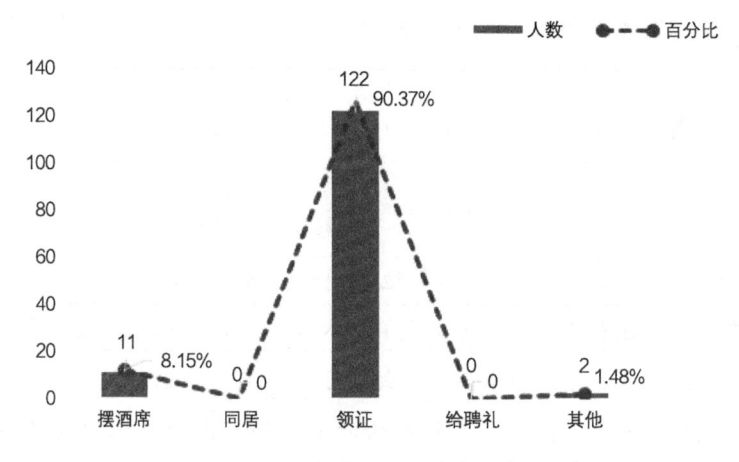

图4-4 佤族妇女界定婚姻关系的情况分布

由上图可见，122名佤族妇女认同"以结婚证界定婚姻关系"的观点，占总人数比例的90.37%，11名佤族妇女认同"以摆酒席界定婚姻关系"的观点，占总人数比例的8.15%。访谈发现，现代佤族妇女对婚姻合法性的认知趋于理性。佤族妇女普遍认为，传统的彩礼订婚、正式摆酒席、多年同居等方式均无法取代"一纸红本"，只有结婚证才确保婚姻的法律效力，才更让当事人心安。当前，传统的摆酒席方式在某种程度上除了告知亲戚、朋友、邻里结婚之事实，还希望获得大家的祝福，体现为在"领取结婚证"基础上锦上添花。不少佤族妇女表示，如遇到一方或双方家境贫寒等状况，可以先领取结婚证，不摆酒席，甚至可以接受将来孩子满月时一起办酒席。

佤族村民认为，离婚并非丢脸之事，只表明两人缘分已尽。村民越来越尊重个人的感情选择和婚姻自由权，对离婚的态度也渐渐趋于理性而宽容。只有离婚原因是婚外情、家暴等，才招致村民的谴责。离婚或丧偶后再婚的情况也比较普遍，尤其是男方，再婚比例为六成左右，且再婚时间集中在单身后的第三至第五年。

改革开放前，样本村寨的佤族婚姻往往局限于本民族，非同宗族者可同村结婚，外族通婚的现象甚少。改革开放后，外出打工、求学机会的增加使越来越多的佤族村民走出大山，交际圈随之扩大，通婚圈的半径也在增长，相识对象由同村、同族延伸至外村、异族，女方有的来自临沧本地、云南省其他城市，有的来自四川、江西、山东等地，民族主要有傣族、布依族、彝族、苗族等，汉族的也有，但不多。

个案P，NL村，男，52岁，竹子种植者，编号201916

"我们村有来自贵州、四川等地的媳妇，是通过外出打工认识的，或通过熟人介绍过来的。也就是说我们有人娶了那边的姑娘，或嫁了那边的小伙，他们相互介绍，一来二去就结婚了。她们过来后挺适应，往往3—5年也会说佤语了。我们很容易辨认外来媳妇，因为她们的皮肤通常比较白。"

跨族婚姻或跨省婚姻有助于促进文化交流和融合、民族团结和社会和谐，增进各民族的相互了解和尊重，丰富家庭文化的多样性。同时，跨族婚姻或跨省婚姻可能带来经济、教育、人脉等资源的优势互补。夫妻双方在共同生活的过程中能学习到不同的生活习惯、思维方式和价值观，促进彼此的成长和包容性。但由于风俗、语言、信仰等方面的差异，夫妻双方在日常生活中难免存在沟通障碍和摩擦。远嫁异地的佤族妇女对生活的适应过程可能表现得较困难，如在工作机会、生活成本、气候环境等多方面面临挑战。在子女教育方面，传承哪个民族的文化、选择哪种语言作为主要交流工具、采取哪种教育方式等，也可能存在争议。此外，远嫁容易导致佤族妇女思乡情绪加重，可能影响她们的心理健康。跨省结婚还有可能涉及户籍迁移、房产购置、子女户口登记等一系列需要解决的法律问题。综上所述，跨族婚姻或跨省婚姻既具有多元文化融合的好处，也面临着一定的文化和现实挑战。随着社会的进步和开放，佤族人民对跨族婚姻或跨省婚姻的认同度和接受程度也在不断提高。

第五章 佤族妇女与家庭

佤族妇女步入了婚姻，就意味着离开了原生家庭，组建了新的家庭。家庭与婚姻一脉相承。在通常的情况下，家庭包括婚姻，因为婚姻的核心关系是夫妻关系。婚姻除了涉及夫妻关系，还包括其他的亲属关系，如父子关系、婆媳关系、祖孙关系、兄弟关系、姐妹关系、妯娌关系等。因此，家庭与婚姻相互影响，幸福的婚姻是和谐家庭的重要基石，和谐家庭是幸福的婚姻的重要场域。

赵富荣对佤族的婚俗进行了较为全面的描述，如相识、恋爱、订婚、结婚、离婚、婚俗禁忌等，同时对佤族妇女在家庭中的作用和地位进行了分析。他认为，在中华人民共和国成立前，佤族妇女无权参与甚至过问政治活动；当时的佤族社会存在一夫多妻制，妇女被要求终身严守贞操；男子有家庭绝对话语权，包括对财产继承权的指定，并规定"男主外，女主内"等。中华人民共和国成立后，佤族妇女获得了全面解放：在性格、观念、习俗、权利等方面发生了系列巨变。如性格变得开朗，在待人接物上变得主动；不满足于操持家务，学会走出家庭和社区，走向外界习得一技之长；紧跟现代潮流步伐，学会消费和娱乐；树立科学的恋爱观、价值观，实现自我解放；等等。此外，佤族妇女在民族传统教育方面起到了积极的重要作用，教育内容主要体现在生产劳动教育、道德教育、艺术教育、体育等方面。生产劳动教育体现在耕种、手工业、畜牧业、家务活儿等方面，佤族妇女主要通过言传身教对子女加以教育；在注重集体意识、不计较个人得失、尊老爱幼、勤劳肯干、团结互助、遵纪守法等道德教育方面，佤族妇女主要通过谚语、歌谣等形式加以传播；在艺术教育和体育方面，佤族妇女主要通过鼓励观摩、参与表演活动或体育竞技，讲述歌舞内容等形式加以引导。随着现代教育的介入，学校教育、社会教育的功能日趋凸显，佤族妇女在家庭教育中的地位亦受到挑战，由此引发了如何平衡传统与现代教育、佤族妇女与社会教育者的立场冲突和磨合等问题。

李兵通过对沧源佤族自治县勐董镇帕良村的调研发现：村民家庭结构由原来的扩大家庭向核心家庭转变；夫妻关系较为平等、和睦，离婚率低；由中华人民共和国成立前的高出生率和高死亡率转变为中华人民共和国成立后的低出生率和低死亡率，近年来已经杜绝了超生、赶生现象。杨宝康认为，社会结构使女性形象呈现出多元化。通过对佤族民间故事中的女性形象进行探析，他将佤族女性形象归纳为八种类型：《兄妹神》中的女神形象、《司岗里》中的女祖形象、《鸟泪泉》和《佤族泼水节的传说》中的女英雄形象、《半截观音》中善良的女性形象、《孤儿和仙女》和《两姊妹》中追求爱情自由的女性形象、《姑娘河》中忠贞的女性形象、《吹春胆》中被凌辱的女性形象、《尼嘎和贪心的嫂子》中自私而贪婪的女性形象。无论属于哪种，女性形象都深植于现实。

本章围绕佤族妇女在家庭中扮演的多重角色展开论述，主要包括佤族妇女在家庭中的决策地位、劳务分工、是否遭遇家庭暴力、财产继承权、居住模式、家庭教育等内容。

第一节　家庭决策

在传统佤族家庭，夫妻双方共同维系着完整的家庭，但实际上夫权思想依然存在。在劳务分工方面，农业生产、纺织、采集、烹饪、家务主要由妇女承担。然而，妇女对家庭财产缺乏支配权。妇女可以参加社交活动，如唱调、打歌等，但通常不被允许参加家庭、村寨的仪式、议事和政务活动，即便被允许在场，也没有发言权。妇女出嫁后必须严守妇道，否则将被夫家嫌弃。一旦夫妻感情破裂，就可以离婚，无论哪一方先提出离婚，女方只能空手或带上娘家陪送的嫁妆出门。若有儿女，儿女愿意跟谁，就由谁来抚养，另一方没有抚养责任。若女方要改嫁，新夫还要付给前夫聘礼。在当代佤族家庭，妇女的家庭角色被赋予了新的内涵和特征。

为了解佤族妇女的个人状况对"家庭重大决策""家务劳动分工"和"家庭暴力"的影响情况，调查组构造了如下3个实证回归模型：

$$Y_1 = C_1 + \beta_1 age + \beta_2 educational + \beta_3 profession + \beta_4 marriage + \beta_5 working + \varepsilon_1 \quad (1)$$

$$Y_2 = C_2 + \beta_1 age + \beta_2 educational + \beta_3 profession + \beta_4 marriage + \beta_5 working + \varepsilon_2 \quad (2)$$

$$Y_3 = C_3 + \beta_1 age + \beta_2 educational + \beta_3 profession + \beta_4 marriage + \beta_5 working + \varepsilon_3 \quad (3)$$

其中，Y_1、Y_2、Y_3分别为佤族妇女在"家庭重大决策""家务劳动分工"和"家庭暴力"方面的情况，C_i为常数，β_i为各个自变量的偏回归系数，age、$educational$、$profession$、$marriage$、$working$分别为受访佤族妇女的年龄、学历、职业、婚姻状况和打工经历基本信息，ε_1、ε_2、ε_3为随机扰动项。

将基本信息特征设为自变量，将相关家庭情况设为因变量，考察受访者不同的信息特征对家庭情况的影响。从总体来看，除了模型3，其余2个模型的R^2分别为0.682和0.662，表明模型拟合优度好。模型的P值均为0，表明可以对模型进行分析。

表5-1 佤族妇女家庭地位的实证分析

自变量	因变量		
	模型1（家庭重大决策）	模型2（家务劳动分工）	模型3（家庭暴力）
（常量）	2.698***（0.571）	2.107***（0.266）	2.326***（0.351）
年龄	0.056**（0.082）	-0.184***（0.038）	0.135***（0.051）
学历	-0.096（0.101）	0.001（0.047）	-0.246***（0.062）
职业	-0.188***（0.019）	0.069***（0.009）	-0.040***（0.012）
婚姻状况	0.483**（0.225）	0.107（0.105）	-0.126（0.138）
打工经历	-0.035（0.156）	0.163**（0.073）	0.172*（0.096）
F	22.480	20.177	8.143
R^2	0.682	0.662	0.490
P	0	0	0

注：***表示在1%以下显著，**表示在5%以下显著，*表示在10%以下显著。括号里为标准误差。

从年龄结构看，受访者的年龄对"家务劳动分工"和"家庭暴力"有显著影响。其中，受访者的年龄对"家务劳动分工"有显著负向影响，影响系数为-0.184（P＜0.01）。表明年龄越大的佤族妇女，越倾向于家务劳动由妇女承担，体现了"男主外，女主内"的传统习俗。受访者的年龄对"家庭暴力"有显著正向影响，影响系数为0.135（P＜0.01）。表明年龄越大的佤族妇女，越有可能遭受家庭暴力，且频次较高。

从学历层次看，受访者的学历对"家庭暴力"有显著负向影响，影响系数为-0.246（P＜0.01）。表明学历越低的佤族妇女，越有可能遭受家庭暴力，且频次较高。

从职业情况看，受访者的职业对"家庭重大决策""家务劳动分工"和"家庭暴力"有显著影响。其中，受访者的职业对"家庭重大决策"和"家庭暴力"有显著负向影响，影响系数分别为 –0.188（P＜0.01）和 –0.040（P＜0.01）。表明相比于务农的佤族妇女，非务农的佤族妇女更倾向于通过夫妻共同协商的方式做出家庭重大决策；务农的佤族妇女比非务农的佤族妇女更有可能遭受家庭暴力，且频次较高。此外，受访者的职业对"家务劳动分工"有显著正向影响，影响系数为 0.069（P＜0.01）。表明相比于务农的佤族妇女，非务农的佤族妇女在家务劳动分工方面更倾向于夫妻双方共同承担。

综上，佤族妇女在婚姻中面临的"家庭重大决策""家务劳动分工""家庭暴力"等潜在问题及解决方式受制于自身状况，尤其是年龄、学历和职业。具体而言，年龄越大的佤族妇女，受男尊女卑思想的影响越明显，遭受家庭暴力的可能性越大；年龄越小的佤族妇女，受男女平等思想的影响越明显，遭受家庭暴力的可能性越小。学历越高的佤族妇女，对人身安全问题的意识程度越高，越有可能通过社会渠道和法律途径阻止或预防家庭暴力的发生；相反，学历越低的佤族妇女的人身安全问题意识越淡薄，阻止或预防家庭暴力的意识和能力越弱，遭受家庭暴力的可能性越大。越是有非务农阅历的佤族妇女，越有机会接触外界的法治社会，对夫妻双方共同承担家务劳动的意识程度越高，遭受家庭暴力的可能性越小；相反，越没有非务农阅历的佤族妇女，越缺少接触外界的法治社会的机会，夫妻双方共同承担家务劳动的意识越淡薄，遭受家庭暴力的可能性越大。（见表5–1）

第二节 财产继承权

调查组对佤族妇女的个人状况对财产继承权的影响程度做了继续的深入分析，同样构造了如下的实证回归模型：

$$Y_1 = C_1 + \beta_1 age + \beta_2 educational + \beta_3 profession + \beta_4 marriage + \beta_5 working + \varepsilon_1$$

其中，Y_1 为佤族妇女的财产继承权，C_i 为常数，β_i 为各个自变量的偏回归系数，age、educational、profession、marriage、working 分别为受访佤族妇女的年龄、学历、职业、婚姻状况和打工经历基本信息，ε_1 为随机扰动项。

将基本信息特征设为自变量，将"财产继承权"设为因变量，考察受访者不同的信息特征对财产继承权获得的影响。模型的 R^2 为 0.715，表明模型拟合优度好。模型的 P 值为 0，表明可以对模型进行分析。

表5-2 佤族妇女财产继承权的实证分析

自变量	因变量
	模型1 财产继承权
（常量）	−0.169 （0.300）
年龄	0.013 （0.043）
学历	0.174*** （0.053）
职业	0.089*** （0.010）

续表

自变量	因变量
	模型1 财产继承权
婚姻状况	0.204* （0.118）
打工经历	0.431*** （0.082）
F	27.061
R^2	0.715
P	0

注：***表示在1%以下显著，**表示在5%以下显著，*表示在10%以下显著。括号里为标准误差。

从学历层次看，受访者的学历对"财产继承权"有显著正向影响，影响系数为0.174（P＜0.01）。表明学历越高的佤族妇女，越有可能获得财产继承权。

从职业情况看，受访者的职业对"财产继承权"有显著正向影响，影响系数为0.089（P＜0.01）。表明相比于务农的佤族妇女，非务农的佤族妇女获得财产继承权的可能性较大。

从打工经历看，受访者的打工经历对"财产继承权"有显著正向影响，影响系数为0.431（P＜0.01）。表明外出打工经历越丰富的佤族妇女，获得财产继承权的可能性越大。

综上，佤族妇女在婚姻中面临的"财产继承权"问题及解决方式受制于自身状况，尤其是学历、职业及打工经历。具体而言，学历越高、越有非农阅历、越有外出打工经历的佤族妇女对"财产继承权"的意识程度越高。后天的阅历有益于性别平等意识增强，越有意识争取自我合法权益，越有利于自身家庭地位的实际提高。此外，当遭遇家暴，六成左右的佤族妇女选择"忍气吞声"，主要缘于该部分佤族妇女持"家丑不可外扬"

的传统观念，更倾向于内部解决家庭问题，忌讳外界插手；四成左右的佤族妇女选择"直接还击"或"寻求亲邻帮助"，折射出该部分佤族妇女的婚后合法权益保护意识较高，法律意识也较为明显。（见表5-2）

通过问卷调查，我们了解了佤族妇女对婚后居住模式的意愿，详况如图5-1所示：

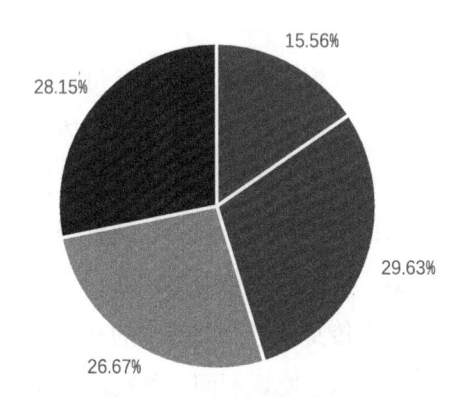

■ 与公公同住 ■ 与婆婆同住 ■ 与公婆同住 ■ 单独居住

图 5-1　佤族妇女婚后居住模式的意愿分布情况

由上图可见，佤族妇女婚后的主要居住模式可分为"与婆婆同住""单独居住""与公婆同住"及"与公公同住"四种。选择前三种居住模式的人数居多，且相差不大，比例依次为29.63%、28.15%和26.67%；选择"与公公同住"的佤族妇女的人数比例仅占15.56%。访谈发现，部分佤族妇女倾向于"与婆婆同住"，主要缘于她们与婆婆的同性相处较为和睦，婆婆通常勤劳、持家，乐于分担家务，在日常生活和抚育后代方面能减轻她们的重担。反过来，她们感恩婆婆，表明"日后为婆婆养老送终"的坚定立场。部分佤族妇女倾向于"单独居住"，该群体一般年龄偏小，她们更倾向于自力更生和享受自由空间，或者与婆婆关系不和，认为分开居住是明智的选择。仅有少数佤族妇女倾向于"与公公同住"，主要缘于她们视公公为家庭重要的劳动力成员之一。当然，她们也不否认"与公公同住"难以避免性别、年龄的差别带来的不便和尴尬；在抚育孙辈方面，公公的耐心和责任感普遍不如婆婆。

第三节 家庭教育

佤族没有自己的文字，家庭教育主要靠父母言传身教及自我实践。佤族村民的家族意识浓厚，在教育后代方面亦有所体现。父母在教育后代的过程中遇到困境，如子女叛逆而不听劝、父母权威性不足、在重大事件上意见不统一时，往往求助于祖父母、叔伯、姑舅等，大家一起讨论教育子女的途径及可行性方案。可见，多数佤族妇女在子女的教育上遵循村规和民约，崇尚家族威望、言传身教、严慈结合的基本原则。家庭教育可随时随地进行，如利用休憩之余、吃饭期间、临睡前或在田埂间。佤族妇女在生产和生活、道德和礼仪、保护环境等方面发挥着重要的作用。

一、生产和生活

主要体现为家庭教育与生产、生活紧密结合，以满足孩子在未来的生产和生活中的实际需求。佤族幼儿在五六岁时便开始接受生活、生产技能的教育，且体现出明显的"男耕女织""男主外，女主内"的家庭性别分工。男孩主要学习耕田、打柴、驮运等体力活儿，女孩主要学习带孩子、采摘、做饭、喂养牲畜、编织等琐碎活儿。佤族妇女会用手捻线，用一套竹木工具织布，每天可织1尺宽的布约1米，所织筒裙和筒帕可以留作自用。

个案C，YH村，女，14岁，在读初中生，编号201903

"在我很小的时候，爸爸就外出打工了，家里的农活儿多是妈妈干。我和弟弟只要不上课就会帮忙干活儿，喂鸡、煮饭、洗衣服、扫地、晒玉米、护理或收割甘蔗等，这些都得干。有时候从天刚亮干到天黑；农忙时，中午就在田埂上吃饭，早上提前做好带过去，连回家休息的时间都没有。现在我读初中住校了，只能周末或寒暑假回家帮忙；弟弟上小学，但比较调皮，干活儿经常偷懒。还是我妈妈辛苦！"

此外，我们在村中常看到十二三岁的佤族小姑娘边背着弟弟或妹妹，边打理家务，动作麻利。由于佤族社会没有文字记载，很多生产经验通过口头的形式世代相传，如《撒谷歌》："撒种要疏密得当，把泥均匀盖上，鸟儿看不见，老鼠扒不到，让禾苗茁壮成长……"[①] 歌词通俗易懂，形象而生动。

二、道德和礼仪

佤族幼儿秉承母亲的理念规训，母亲常以谚语、传说、故事、禁忌等口头形式将此类内容告之子女。内容主要包括以下几个方面：

（一）尊老爱幼

年轻人在老人面前要表现出毕恭毕敬，主动问候，敬酒、敬茶，入席时要礼让老人，不能在老人面前翘腿而坐；鸡头是老人和长辈的专属，吃饭时要先给老人；喝酒、喝茶要先敬老人，否则会被视为无家教；家中老人有固定的座位、凳子；大是大非面前要听老人的规劝，不能在老人面前说脏话；村中有重大事务时，主办者要先与老人商量；子女不能与父母唱反调，否则会被视为大逆不道；大童要礼让、保护幼童；等等。

---

① 周本贞.中国少数民族大辞典·佤族卷[M].昆明：云南民族出版社，2014.

个案M，ML村，女，19岁，在读高中生，编号201913

"我们家的家教比较严格。有一次，我8岁的三弟逃课被老师批评，他不服气，还顶嘴。爸爸知道后很生气，直接让他跪着，直到他承认错误为止。我们家的小孩都被要求尊重老人。外婆年纪大了，自己住一所房子，妈妈就让我二弟（11岁）去隔壁村与她一起生活，可以照顾她老人家。"

佤族社会强调孝道，尊重长辈。媳妇须尊敬婆婆，并服从婆婆的指导，尤其在家务劳动、育儿等方面。同时，婆婆承担着传授儿媳如何适应夫家生活、传承家庭习俗及技能的责任。在佤族村寨，婆媳关系往往比较和谐。

个案S，NL村，女，39岁，烤烟种植者，编号201919

"我从来没有与婆婆吵过架。她比较勤快，种甘蔗、玉米、青菜，样样在行，还经常挑着菜到集市上卖。我反而不太会种植，更不愿意去卖菜，但知道怎么带孩子。她们那代人只管孩子吃好、睡好，不懂得怎么进行科学教育。于是我在家带孩子，她去干农活儿。家务活儿两个人一起分担，谁有空，谁就多做一些。"

个案E，YH村，女，64岁，留守老人，编号201905

"我二儿子有一儿、一女。我只把他们带到3岁，3岁以后基本由我儿媳妇负责，包括教育和幼儿园接送。我宁愿多做些家务活儿和农活儿。主要因为我不太会说普通话，没什么文化，教育孩子的内容顶多就是生活常识。儿媳妇有大专文凭，比我强多了，教育孩子没有问题。"

可见，随着养育理念的更新和冲突的发展，佤族地区的家庭关系也在逐渐发生变化。当地的婆媳分工出现了转变，即由原来的"婆婆带孩子，媳妇做农活"变为"婆婆做农活，媳妇带孩子"。

(二) 吃苦耐劳

佤族人民大多生活在相对艰苦的环境中，吃苦耐劳的精神尤为突出。佤族人民长期与自然环境做斗争，他们在生活、生产上往往需要付出极大的体力和毅力。因此，"吃苦耐劳"体现在佤族人民的日常劳作、家庭生活，以及面对困难和挑战时坚忍不拔的精神风貌上。他们对待家务活儿力所能及，不拈轻怕重；家庭内部、邻里之间不计较得失，团结互助，以劳动为光荣，以懒惰为耻辱。（见图5-2）

图 5-2 佤族妇女言传身教做粑粑

村里还有个传说《谷即是金》广为流传：

从前，村里有个老农，家里有两个儿子，非常懒惰，从不耕种田地。老农临终前交代："我担心你们受苦，所以在山腰埋了一些金子，你们赶紧去挖吧。"兄弟俩拿着锄头挖遍了山腰，也没有找到金子，非常懊恼。

看到对面山上有人在播种，兄弟俩也撒下了一些谷种。秋天来了，兄弟俩又到山腰挖金子，远远看到山腰金黄一片。他们以为是金子，急急忙忙跑去一看究竟。跑近了才发现，是谷子成熟了，黄如金子！兄弟俩这才知道父亲的良苦用心，从那以后再也不敢懒惰了。

个案H，BK村，女，46岁，村妇联主任，编号201908

"在我们家，每个成员都很勤劳，因为农活儿非常多，生活开支非常大。大儿子长期在外打工，二儿子还在读书。平时我和我爱人种甘蔗、修建房子，儿子们只要有机会回来，进门就干活儿，不用催，做饭、喂猪、扫地、砍柴，他们样样精通，从小就会，所以动作比较麻利。我常告诉他们，只要勤劳，到哪里都会受欢迎。"

（三）诚实守信

在长期的社群生活和劳作实践中，诚实被佤族人民视为维系人际关系和谐、增强群体凝聚力的重要纽带。对他们来说，做事要说到做到，不轻易承诺，一旦承诺，必须兑现。在佤族社会中，个人的信誉度是衡量人格品质的重要标准，只有守信的人，才能得到他人的尊重和信赖，有利于建立长久、稳定的社会关系，并维系社会的公平和正义。平日里，他们做事秉持力所能及、问心无愧的原则，否则，他们认为会受到严惩；讲求为人诚实，不可有欺诈行为，"石榴花戴不成，油嘴滑舌的人近不得""话大喉咙挤"；杜绝小偷小摸行为，拾到遗失物品必须积极归还。此外，他们还强调知恩、感恩，不忘恩负义，否则早晚会受到惩罚。当地有个民间神话《老农与鳄鱼》，故事内容大致如下：

有个老农上山砍柴，路过一个池塘，看到有条鳄鱼在快要干涸的泥塘里挣扎。老农见它可怜，就把它救了。鳄鱼恢复体力后，非常饥饿，想把老农吃掉。老农说："是我好心把你救了，你还要吃我？！"于是他们去找兔子评理。兔子想了想，让他们按照原来的样子再做一遍，才好评理。二人回到泥塘，老农把鳄鱼重新埋在里面。兔子告诉老农："这鳄鱼不是好东西，咱们赶紧走！"鳄鱼最终被活活困死在泥塘里。

个案A，YH村，男，48岁，核桃种植者，编号201901

"我们祖祖辈辈都是农民，做人最讲究的就是诚实守信。狡猾的人只是一时半会儿占个小便宜，走不长远，也不会有真正的朋友。在我们村，如果做人不诚实守信，哪怕跳舞、打牌、聊天，都不会有什么人搭理，甚至有求于别人的时候，别人也有理由推托。人缘太差，就很难混下去。村民们当面不说，背地里也会指指点点，那你心里就会非常难受！穷点儿没事，但是做人还得注意分寸。"

（四）日常禁忌

在佤族社会，还存在很多各种各样的日常禁忌，尤其在传统佤族社会，体现得尤为明显。

个案U，YH村，女，25岁，服务业工作者，编号202001

"我们佤族人的禁忌挺多的，主要是老一辈口传下来的。我们年轻一代能接受一部分，比如坐月子禁忌，以免为身体留下隐患。但是有的说法已经难以接受了，比如不能未婚先孕。很多年轻人不会觉得这是不光彩的事情，相反觉得在现代社会，这都是普遍存在的现象。"

个案J，BK村，女，62岁，留守老人，编号201910

"我觉得民间禁忌还是有一定道理的，否则怎么能流传至今呢？不听老人言，吃亏在眼前。我总告诫后代，平时要多注意。对女人的一些规劝，我觉得非常有道理，起码让人感到这个女人是有家庭教养、懂得规矩的。"

三、保护环境

佤族村民认为万物有灵，自然界中的山、水、树木、动物，甚至一些特定的自然现象和物体都有自己的灵魂或精神，对他们的生活和生产有着重要的影响。他们不会轻易破坏自然环境，否则，他们认为会遭到大自然的严惩。佤族人民普遍尊崇"山神"（称为"莫伟"）、"水神"（称为"莫堆"）等，每逢重大节日或农耕季节，都会举行祭祀仪式来祈求它们保佑丰收平安。他们对自然界中的动植物抱有敬畏之心，认为它们的生命都是大自然赋予的，理当得到尊重和保护。佤族妇女以故事的形式将相应的理念逐一传授给后代，如不能随意伐木等。随着时代的发展，尽管佤族人民的部分传统信仰有所改变，但"万物有灵"的观念仍然根深蒂固，对他们的生态环境保护意识和行为有着深远的影响。

近年来，随着国家相关法律的颁布与执行，村民更加深刻地意识到保护环境的重要性。部分佤族地区积极地探索绿色发展道路，如发展生态旅游产业，既保护了生态环境，又促进了地方经济的发展，社区生活水平也得以提升。村规、民约精神与国家自然保护法有较大的吻合性。佤族人民遵循"取之有时，用之有度"的原则，在狩猎、采集、种植等方面都有关于季节性和适度性的严格规定，避免因过度开发导致生态环境被破坏。佤族妇女乐意将村规和民约灌输给后代，使佤族传统文化中的生态知识和经验世代相传；她们经常教育年青一代热爱大自然、珍惜环境，并将这些智慧融入日常的生活和生产中。如要保护沟头，禁止在河的上游和沟头炸鱼，被发现者除了缴纳罚款，还必须负责弥补造成的一切损失；不准砍伐树林、放火烧山；不准进行游牧、追山打猎等。在现代环境保护政策的推动下，许多佤族聚居区实行了社区共管、共治模式，制定并执行当地的生态保护规则，村民的环保意识得以提高，共同参与维护当地的生态环境。

第六章　佤族妇女与生育

佤族生育文化丰富多彩。在佤族神话中，人类起源于"司岗"。而对于"司岗"一词，各地区的佤族民众的解释略有差异。沧源佤族人民认为"司岗"是葫芦，"司岗里"就是"人从葫芦里出来"的意思。葫芦的外形酷似怀孕的女性，所以葫芦也象征着孕育，有"多子多福"的美好寓意。相传在远古时期，漫天的大水淹没了山村，唯有一位老者和一头母牛活了下来，除此之外，再无其他生灵。母牛怀孕三年却不生产，老人最终忍痛杀了母牛，换得的却是其腹中的一粒葫芦籽。老人把葫芦籽种在屋前，又过了三年，葫芦籽生根、发芽、开花、结果。等到瓜熟蒂落，老人将它捡起，拿回屋中，一刀劈开，只见"山神"扔出了葫芦，多个民族的人们也随之降临。

经过长久的繁衍生息，在新的社会发展阶段，佤族的人口和生育文化也不断地发生波动。与全国人口性别结构相比，佤族人口性别结构呈现出更为明显的男多女少现象。根据2020年第七次全国人口普查的相关数据，沧源佤族自治县总人口（常住人口）为160262，佤族人口为124015，占总人口的77.38%。全县平均每个家庭户的人口为2.96人/户，比2010年第六次全国人口普查的3.61人/户减少了0.65人/户。全县男性人口为84337，占总人口的52.62%；女性人口为75925，占总人口的47.38%。总人口性别比为111.08：100，比2010年第六次全国人口普查的109.04：100增加了2.04。[①]

[①] 沧源佤族自治县第七次全国人口普查主要数据公报[EB/OL].沧源佤族自治县人民政府网（http://www.cangyuan.gov.cn/cyxrmzf/zwgk49/gggs71/759243/index.html）.

第一节 生育观

佤族人民视生命为自然界的恩赐，认为生命的繁衍是自然界赋予的重要使命。他们对生育过程抱有深深的敬畏之情，主要缘于母亲在家庭和社会中承担着延续家族血脉、传承民族文化的重任。在传统佤族社会，村民普遍存在"多子多福"甚至"重男轻女"等理念，认为子女众多意味着家族的兴旺和延续，"多子"被看作劳动力和养老的重要保障。因此，"多子多福"的理念体现着佤族人民对生育后代和家庭规模的重视，以及对子孙满堂、人丁兴旺的家庭生活的向往。随着社会、经济的发展和现代思想的涌入，特别在计划生育政策实施后，年轻村民的生育观发生了巨变。现代社会更强调优生、优育和家庭生活质量，而不仅仅追求子女数量。佤族妇女也逐渐意识到"在家庭中，妇女并不是简单的生育工具，应该受到尊重，有自身的生育权利""除了生育，妇女还要有自己的追求，包括就业、娱乐、消费和休闲"等。这些认识主要体现在"晚婚晚育""少生优生"的言行上。

一、从"早婚早育"到"晚婚晚育"

中华人民共和国成立前，佤族社会流行早婚，崇尚自由恋爱。姑娘十六七岁便可谈情说爱，甚至谈婚论嫁。她们生育头胎的年龄大体在20岁左右。即使未到法定婚龄，佤族妇女也可采取日后补办结婚证的方式，仅需在当地举行村寨公认的婚礼仪式即可。且村民普遍认为家中男丁多，更能满足劳动力需求，尤其是种植业对劳动力的需求。因此，"多子多福"的理念使部分佤族妇女不到70岁便实现了四代同堂。中华人民共和国成立后，大部分佤族妇女的婚龄推延至20岁左右，生育头胎的年龄在22岁左右，比之前推迟了约2岁。调查组曾在BK村偶遇一名生育有9个儿女（6女3儿）的佤族老年妇女。在谈及该下一代佤族妇女的生育理念时，她颇有感触。

个案J，BK村，女，62岁，留守老人，编号201910

"我17岁就嫁过来了，18岁怀的第一个孩子没有保住，19岁才生的大儿子。在那个年代，我结婚、生孩子的年龄算合适的，不早，也不晚。但我的9个儿女结婚、生孩子的年龄就大大推迟了。最早结婚的是三女儿，她22岁才结婚，23岁才生娃；最晚结婚的是小儿子，28岁才结婚，到了30岁才当爸。"

在佤族社会，还存在一种晚婚现象。主要表现为家庭经济条件不好造成了一些男青年大龄未婚。但是，村中大龄未婚女青年却极为少见。条件相对好的女青年通常向往嫁到镇上、县里甚至大城市；条件相对差的女青年、离过婚及有过多次婚姻史的单身妇女在婚姻市场上却往往没有选择配偶的优势。NL村有6名大龄未婚男青年，村民认为他们是"光棍儿"。访谈发现，村民眼中的"光棍儿"以30岁为分水岭，超过30岁未婚者即被视为"光棍儿"。

个案S，NL村，女，39岁，烤烟种植者，编号201919

"30岁还没有对象的男青年，通常父母已经去世，家庭负担还非常重。这边的姑娘都不愿意跟，跟了还得一起受苦，还不如嫁到外地。外面生活水平高，彩礼也多。"

个案R，NL村，女，25岁，中学教师，编号201918

"很多传统家庭的女孩子读完初中就外出打工甚至嫁人。其他地方的男人利用打工机会，轻易地就把佤族女孩子娶走了；村里的男孩子年龄大了也找不到对象，村里的'光棍儿'问题很难解决。"

二、从"多生多育"到"少生优生"

20世纪80年代以来,县政府颁布并推行了严格的计划生育标准,对超生者进行严罚,如采取罚款、超生子女不能入户、取消超生户相关福利等措施。

自2004年始,县政府对农业人口独生子女实行了奖励政策。如对领取独生子女证的夫妇奖励2000元;在独生子女小学升初中、初中升高中、高中升大学时,分别给予30分、20分及20分的加分,并择优录取;独生子女的父母60岁后,每人每年可领取500元的养老生活补助。调查组通过BK村的妇联主任了解到:该村"80后"村民多数生育两个孩子,个别生育三个孩子;领取独生子女证的夫妇不多,每年有两三对。该村近年来的计划生育情况如表6-1所示:

表6-1 BK村出生婴儿数量统计(2015—2020年)

时间		出生婴儿人数	
2015年10月—2016年9月	15	男婴人数	7
		女婴人数	8
2016年10月—2017年9月	14	男婴人数	6
		女婴人数	8
2017年10月—2018年9月	12	男婴人数	7
		女婴人数	5
2018年10月—2019年9月	16	男婴人数	9
		女婴人数	7
2019年10月—2020年9月	15	男婴人数	8
		女婴人数	7

由上表可见,2015年10月—2020年9月,BK村妇女年生育孩子的数量比较稳定,即每年12—16人。男婴、女婴的人数比例亦较为合理,

男婴与女婴平均出生人口比例为106：100，均在计划内出生。

个案H，BK村，女，46岁，村妇联主任，编号201908

"现在'80后''90后'妇女大部分倾向于生育二胎，最好是家里一儿一女。有少数生了两个女儿的妇女更愿意生老三，以使男方家人丁兴旺。也有人即使两个孩子都是女儿，也不愿再生，因为她们意识到了'生儿容易养儿难'。她们宁愿让伯（叔）过继给他们家一个儿子，这样就有人给她们养老了。"

此外，村妇联的统计数据表明，该村妇女的节育年龄集中在二十六七岁。节育的主要方式是放置避孕环，大部分妇女生完二胎被放环，少量妇女生完一胎就被放环。2015年10月—2016年9月，该村男性中有25人绝育，妇女中有62人绝育。对比2005年10月—2006年9月男性绝育12人、妇女绝育37人的同类数据可以发现，村民的生育理念发生了较大的变化，节育参与率大大提高，对国家推行的计划生育政策的态度由排斥转为逐渐认可，最后接纳并执行。

个案S，NL村，女，39岁，烤烟种植者，编号201919

"现在养育一个孩子的成本比以前高很多，尤其在教育方面。我已经有两个孩子，前两年还做了绝育手术。现在村里宣传的科学避孕知识比较多，主要是卫生室的医生过来提供免费的妇检和避孕套、发放宣传单等。年轻点儿的夫妇更倾向于放置避孕环，等有再生的想法时再做打算。"

对于分娩地点，大多数佤族妇女选择在医院分娩。目前，全县已实现了公共卫生服务业均等化，在全省率先实行了农村孕产妇住院分娩全免费，医疗机构100%配备并使用基本药物。在NL村的样本育龄妇女中，约60%表示首选"县级医院"，约30%表示首选"乡级医院"，仅有不到10%表示"不确定"；没有妇女表示首选"家中"。

个案T，NL村，女，66岁，留守老人，编号201920

"以前我生孩子都是在家中生。村中有好几个接生婆，她们不一定收费，比较穷的人家送一些烤烟、土鸡也可以。接生后，她们拿用酒精或用火烤的方式消毒过的竹片切断脐带，在脐带断处撒些火炭灰，一周后脐带就会自然脱落。之后她们用芭蕉叶把胎盘包好，埋在山上。现在的女人都喜欢到大医院生，主要图安全、省心。我的两个儿媳妇都是去县级医院生的，那里的医生技术水平更高。实在等不及，马上要生产了，当地妇女才会选择在镇医院生。"

可见，这与中华人民共和国成立前多数佤族妇女在家分娩的情况相比，出现了极大的差异。大部分妇女已经意识到在家分娩的危害性，认为"在家分娩在本人及婴儿的安全、健康方面均存在隐患"。值得一提的是，当地村寨结束在家分娩的历史时间并不长。调查组从当地妇联了解到，NL村在2005年才正式结束了在家分娩的历史。

此外，大部分佤族妇女持"儿女都一样"观点，详况如表6-2所示：

表6-2 关于"儿女都一样"观点的认同分布频率

程度	人数	比例（%）
非常赞同	100	74.07%
比较赞同	10	7.41%
比较反对	5	3.70%
非常反对	20	14.81%
合计	135	100.00%

由上表可见，100名佤族妇女对"儿女都一样"观点持"非常赞同"态度，占总人数的74.07%，所占比例最高；20名佤族妇女对"儿女都一样"观点持"非常反对"态度，占总人数的14.81%，所占比例排名第二；

持"比较赞同"和"比较反对"观点的佤族妇女人数较少，分别是10名和5名，所占比例分别是7.41%和3.70%。总体而言，传统的"重男轻女"观念在现代佤族社会中得到了明显改观，佤族妇女的男女平等意识逐渐增强，尤其是年轻的佤族妇女。

另外，在传统佤族社会，还存在一种"修正婚姻"现象。所谓的"修正婚姻"指旧社会时佤族村民针对多年未孕、未育的夫妻，重新操办婚礼加以"修正"的仪式。他们通常认为，夫妻之所以没有如愿成为父母，是因为两人的精神和灵魂尚未很好地结合，双方亲朋在女方家再次举行一次婚礼，便可"修正"得"成果"。

实质上，"修正婚姻"更像佤族村民的一种精神寄托。当前，当地一些不孕、不育的青年夫妇则更多寄希望于医疗手段，如做试管婴儿、进行人工授精等；还有一部分不能生孩子的青年夫妇会选择领养一个孩子。

个案V，YH村，女，37岁，服务业工作者，编号202002

"'修正婚姻'是上一代人的传统，现在的年轻人半信半疑。我有个邻居结婚好几年都没有孩子，他和他老婆都很着急。后来家里的老人非要他们做一场'修正婚姻'（的仪式），但是做了也没有效果，最后抱养了一个孩子。"

第二节　怀孕与分娩

在传统佤族社会，妇女被要求从怀孕起必须严格约束自己，不能诅咒别人、说脏话，此举被认为将导致胎儿流产，或生出双胞胎。因为即便这样没有生命危险，同时生下两个孩子的母亲也将很忙、很苦。旧社会的佤族妇女为了避免生下双胞胎，怀孕时不能吃双胞的芭蕉，也不能吃用于祭祀的祭品。除此以外，孕妇在饮食上没有特别的禁忌。孕妇生活方面的禁忌较多。比如佤族妇女分娩后有烤火取暖的习惯，丈夫必须砍好柴火，预先饲养供孕妇食用的鸡，但他们没有给新生儿预先准备尿布和衣物的习惯。

过去，为了顺利分娩，佤族妇女临产时，家人一般要请乡村助产婆前来检查胎位，但没有使之服药的习惯。分娩时，除了丈夫，其他任何男人都不允许在屋内。佤族人认为生儿育女是吉祥之事，对自己的骨肉都很疼爱。在有的地方，老母亲、左邻右舍有接生常识和经验的老妇人也会前来帮忙接生，并提供相应的照顾；有的地方则不允许助产婆以外的任何人在分娩现场。

个案H，BK村，女，46岁，村妇联主任，编号201908

"我生两个儿子时都是村里的助产婆来接生的，那时的卫生条件比较落后，我们没有机会，也不愿意到医院生产。我那会儿快生了，肚子特别痛，我爱人着急地叫助产婆过来，助产婆却不慌不忙地，直到我破水了才过来。生产过程中只有助产婆在场，我的爱人、母亲、姐姐等都不能进来看我，只能在外面着急地等着。"

婴儿一出生，家人就要给他（她）洗澡，有些地区的村寨要用盐水为母子（女）二人洗澡，认为这样做可以预防疾病。洗好澡的婴儿被用尿布包裹，然后放在藤篾箱里；有些村寨则把婴儿放在两片芭蕉叶上。洗澡后，母亲要马上给婴儿喂奶；在一些地方，人们还把饭嚼烂了喂给婴儿。在一些佤族地区，当产妇遭遇难产时，家人往往把家里所有的门窗、箱子和其他有盖子的东西全部打开，还有杀一只鸡并带上米饭去敬拜女方父母的习惯。

一些佤族地区有要等到三日过后才允许外人看望新生儿的习惯。主人负责安排好助产婆从临产直到分娩后的食宿，并且在产妇产后的10天内或11天内送给助产婆一缅升米（8个炼乳罐头盒的容量）、一点钱、一只鸡、一些衣物等作为礼物。助产婆往往也祝福母子平安、健康。进入21

世纪后,随着当地医疗水平和人们健康意识的提高,佤族妇女基本到医院分娩,顺产分娩者基本2—3天便可出院回家。于是,乡村助产婆数量如今变得极少,这与社会需求紧密相关。

第三节 "月子文化"

为了在产后使子宫不下垂,佤族妇女通常使用布条束紧腹部,据说这样做能使子宫收缩。有些地区的产妇用长布条缠腹部一个月之久,并将烤过的锄头贴在布条上,据说锄头的余热可用以清除腹内不干净的东西。照顾产妇及孩子者通常是产妇的母亲。届时,母亲会准备4—6条麻料布裙、两条围腰绳子、一扎自缝的纯棉尿布、一只老母鸡、一瓶糯米酒。产妇母亲通常不认可尿不湿,尤其认为夏天出生的婴儿如果裹着它,容易感到闷热,会起痱子;她们往往更倾向于使用传统的尿布。一扎尿布12—15条,足够更换。换洗后的尿布常常被挂到烈日下暴晒消毒,经济、实惠又健康。布裙专门用于包裹婴儿;包裹婴儿后,以腰绳轻轻环绕,并连同尿布的尾部一起加以捆绑,使之稳固。布裙主体上绣有各种图案,一般以动物、花草为主,五颜六色,甚为美观。老母鸡用以炖汤,给产妇补身子。将母鸡宰杀并切块后,加入枸杞、桂圆干、糯米、茴香、枇杷叶炖3—4个小时,待汤水浓稠时舀出,即可食用。老母鸡汤既可补气、养生,又具催奶、增奶之功效。若个别产妇出现堵奶现象,母亲便将一把木梳放在火塘上烘热,用温热的木梳来回刮产妇的奶头,以产生催奶之功效。除了食用老母鸡,产妇有时还在糯米酒中加入红糖、鸡蛋,蒸热后一齐服下,同样具有滋补功效。产妇用的碗、盘和其他用品要被单独放在一边。产妇吃饭时通常把饭盛在竹盒里,把汤装在葫芦瓢里,用手抓着吃,不用碗筷,尤其是瓷碗或金属碗。

佤族产妇在坐月子时往往不去吃有孕的水牛、黄牛、猪等动物的肉、油、血、内脏，黑公牛肉她们一般也不吃，只吃被阉割过的水牛、黄牛、猪等动物的肉。当地人习惯于把骨头和肉熬成汤，再放入一点胡椒粉给产妇喝。产妇分娩后要住在不透风的昏暗的房间里，有的产妇产后仍住在自己的卧室里，有的产妇则住在内厨房（有些佤族人家有内厨房和外厨房）的边房里。产妇还要经常在火塘边烤火取暖，体弱的产妇则要在火塘边烤火一个月或一个多月。

此外，产妇还被告知多种月子禁忌，如忌扫地、忌缝补衣物、忌吃酸东西、忌吃鸟肉、忌洗澡和洗头、忌碰冷水、忌开窗和敞门、忌出门、忌哭泣等。婴儿满月当天，由产妇的婆婆用剪刀对婴儿的毛发加以修剪，然后由产妇的母亲背着婴儿到村寨的公共水井或水槽接水，回到家中为婴儿洗脸、清洗被褥等。婴儿满月后的第三天，产妇的母亲便可进行简单的家庭劳作。

第七章　佤族妇女与教育

沧源的教育起步晚、基础弱。民国时期，当地仅有小学，而没有中学；直到1958年沧源中学被创建，才结束了这样的尴尬历史。1966年，沧源的职业学校——沧源县农业中学成立，1981年，沧源教师进修学校成立，当地的教育体系逐渐被建立起来。经过多年的曲折发展，开设了全省首家县级特教学前班，并与市一中合作建立了培养少数民族高中学生的机制，率先在全市范围内实现了学生营养改善计划全覆盖和免除普通高中教育学费，人均受教育年限由6.4年提高到8.1年。

当地的乡规、民约对在校生的教育权亦起到了积极的保护作用。20世纪90年代初，单甲乡的乡规、民约明确提出"凡适龄儿童未入学的，出于家长方原因的每人罚款10元，出于流动现象的罚款8元，教育经费一年一次交清"[①]；戛多乡的乡规、民约亦指出"家长不准擅自把在校学生拉回家放牛、带弟弟或妹妹，影响学生学习和学校工作。如果父母经常把学生拉回家做事，年终罚款5元"[②]。

[①] 周本贞.中国少数民族大辞典·佤族卷[M].昆明：云南民族出版社，2014.
[②] 彭克宏.社会科学大词典[M].北京：中国国际广播出版社，1989.

第一节　沧源教育基本现状

改革开放后，佤族地区着手推进九年义务教育进程，扩大高中阶段办学规模，大力发展以佤文化专业和旅游专业为主的职业教育，基本形成了幼儿、小学、中学教育，职业教育，成人教育的教育体系。"据2010年第六次全国人口普查数据，佤族6岁及6岁以上人口为398890。其中未上过学的有54899人，具有小学文化程度的232864人，具有初中文化程度的83034人，具有高中文化程度的17969人，具有大学专科文化程度的7289人，具有大学本科文化程度的2746人，研究生89人（以上人口数据包括各级各学校的在校生、毕业生和肄业生）。"[①] 沧源佤族人民文化程度的变化可以通过2000年第五次人口普查及2010年第六次人口普查数据加以对比，具体情况如表7-1所示：

表7-1　沧源县佤族人民文化程度对比

文化程度	性别	人数 2000年	人数 2010年
未受过教育	男	10042	7510
未受过教育	女	14574	12565
小学	男	37656	41123
小学	女	31552	37738
初中	男	10517	14519
初中	女	6156	10836

---

① 李德洙，胡绍华.中国民族百科全书（15）：傣族、佤族、景颇族、布朗族、阿昌族、德昂族、基诺族卷[M].西安：世界图书出版西安有限公司，2016.

续表

文化程度	性别	人数 2000年	人数 2010年
高中	男	1377	3234
高中	女	762	2445
大学专科	男	257	1430
大学专科	女	70	1098
大学本科	男	49	234
大学本科	女	12	192
研究生	男	0	7
研究生	女	0	1

数据来源：周本贞.中国少数民族大辞典·佤族卷[M].昆明：云南民族出版社，2014.

由上表可见，在2000—2010年这10年间，沧源佤族男女的文化程度由低至高均呈金字塔状，即文化程度越低的人口数量越大，相反则越小。在男性人数基数比女性人数基数绝对偏大的前提下，在未受过教育及小学文化程度层次上，女性比男性人数多，在初中及以上文化程度层次上，女性则比男性人数少，尤其在大学及研究生文化程度层次上，男女人数差别极其明显。综上，当地佤族男女文化程度悬殊，女性处于明显的劣势地位。

图 7-1 风韵十足的佤族女青年

自2010年以来，沧源抓教育发展的工作取得了一定的成绩，但难免部分存在制约教育发展的"瓶颈"问题，主要表现为：

一，各类教育发展情况不协调。具体表现为当地各类教育持续协调发展面临学前、高中阶段发展不足，义务教育巩固提升"人头关"难落实，职业教育社会氛围不浓、与市场对接不紧密、规模过小等问题。以高中阶段为例，可能出于学费负担和就业考虑，沧源县高中入学率偏低。数据表明，2011年沧源县有1700多名初中毕业生完成了学业，普通高中录取生源却仅有700人，入学率为40%左右，全县在读普通高中生仅有1690人，仍低于全省同类地区。由此可推出，当地农村人口的高中入学率更低。

图7-2 美丽、清纯的佤族女童

二，教师队伍建设后劲儿不足。具体表现为边疆地区教师、工勤人员数量总体不足；师范类优秀毕业生引进困难；中老年教师晋升高级职称较为困难，工作的积极性和主动性受到了较大影响，整体素质不适应民族教育发展要求；农村教师校点学生逐年减少，教师编制及配备无法按照"师生比"来使用；出现了农村学校编制已满，但学科教师不足的实际困难；

教育管理体制机制与教育发展需要不相适应，优质教育资源短缺，优秀高层次人才、技能型人才培养滞后，在为经济、社会建设提供人才输送、人才支持、人才保障等方面还存在很大的差距。

三，教育资金投入不足。具体表现为工程前期建设和配套资金困难；硬件设施的建设、维护和更新不足导致学习条件落后，教学资源无法满足现代化教育需求；教育历史负债较多；部分学校校舍紧张，设备紧缺。这些都严重制约了教育的均衡发展。

以上问题成为制约沧源教育发展的"瓶颈"，成为阻碍义务教育的普及、巩固和均衡发展不可忽视的因素，影响了当地高素质劳动者和各类后备人才的有效培养。另外，佤族妇女的教育现状亦不容乐观。（见图7-1、图7-2）

第二节　佤族妇女教育特征

为了解佤族妇女的个人状况对"能接受的教育权限"的影响情况，调查组构造了如下的实证回归模型：

$$Y_1 = C_1 + \beta_1 age + \beta_2 educational + \beta_3 profession + \beta_4 marriage + \beta_5 working + \varepsilon_1$$

其中，Y_1为佤族妇女的"能接受的教育权限"，C_i为常数，β_i为各个自变量的偏回归系数，age、$educational$、$profession$、$marriage$、$working$分别为受访佤族妇女的年龄、学历、职业、婚姻状况和打工经历基本信息，ε_1为随机扰动项。

将"个人状况"设为自变量，将"能接受的教育权限"设为因变量，考察受访者不同的信息特征对受教育权的获得的影响。模型的R^2为0.580，表明模型拟合优度好。模型的P值为0，表明可以对模型进行分析。

表7-2 佤族妇女能接受的教育权限的实证分析

自变量	因变量
	模型1 受教育权
（常量）	6.860*** （0.523）
年龄	−0.365*** （0.075）
学历	−0.318*** （0.092）
职业	−0.063*** （0.017）
婚姻状况	0.057 （0.206）
打工经历	−0.040 （0.143）
F	13.045
R^2	0.580
P	0

注：***表示在1%以下显著，**表示在5%以下显著，*表示在10%以下显著。括号里为标准误差。

从年龄结构看，受访者的年龄对"能接受的教育权限"有显著负向影响，影响系数为−0.365（P＜0.01）。表明出生年代越靠后的佤族妇女，能接受的教育权限越大。

从学历层次看，受访者的学历对"能接受的教育权限"有显著负向影响，影响系数为−0.318（P＜0.01）。表明与学历水平低的佤族妇女相比，学历水平越高的佤族妇女，能接受的教育权限越大。

从职业情况看,受访者的职业对"能接受的教育权限"有显著负向影响,影响系数为-0.063（P＜0.01）。表明与务农的佤族妇女相比,非务农的佤族妇女能接受的教育权限相对大,接受各式教育的机会相对多。

综上,佤族妇女"能接受的教育权限"受制于个人状况,尤其是年龄、学历和职业。具体而言,低龄、高学历、非务农的佤族妇女能接受的教育权限相对大。从某种程度上可见,有机会接触外界工作和生活的佤族妇女的人生视野更开阔,更容易体会到学习技能的重要性,更相信知识改变命运的道理。此外,当地佤族妇女的教育状况还具有文化教育水平偏低、中职教育普受欢迎、国家通用语言文字使用受限等特征。（见表7-2）

一、文化教育水平偏低

从样本村寨统计数据看,当地佤族妇女的文化教育水平以小学为主。以YH村为例,各学历阶段人数分布情况如表7-3所示:

表7-3　YH村佤族妇女学历分布

学历	人数	比例（%）
未受过教育	111	19.8
小学	378	67.4
初中	59	10.5
高中（中专）	8	1.4
大专及以上	5	0.9
总计	561	100.0

由上表可见,在该村561名样本妇女中,学历分布占比情况排在前三位的依次为小学、未受过教育和初中。学历为大专及以上者仅5人,约占妇女总人数的0.9%。未受过教育的妇女主要集中在60岁及以上的年龄段,与当时佤族社会的经济、教育、文化等客观因素相关,妇女在"是否上

学"这一问题上没有太多的自决空间。改革开放后,尤其是进入21世纪,随着国家对民族地区教育扶持政策的推进,以及乡村振兴战略的实施,当地的外部环境逐渐得到完善,在"是否上学"上给佤族妇女带了较大的自决空间。佤族妇女选择不继续读书的主要因素有两个:一是早婚。从前传统的佤族社会存在"重男轻女"的观点,认为男性接受教育的重要性超过女性,尤其在资源有限时,必须优先保障男孩接受教育,女性的角色定位则偏向于家庭内务和照顾家人。当地早婚现象比较普遍,许多女孩甚至没有完成义务教育就被迫辍学、结婚、生子。早婚导致她们失去了继续接受教育的机会,不仅限制了她们的个人发展空间,也影响了当地整体教育水平的提升。二是外出打工。当地的许多家庭生活困难,无法承担子女的教育费用,辍学的女孩被迫外出务工以贴补家用。当然,受教育程度与务工机会、收入水平及职业发展空间密切相关,她们的工作待遇往往偏低;同时,过早进入劳动力市场使她们难以获得更高层次的教育。

个案D,YH村,女,22岁,外出打工者,编号201904

"小学毕业后,我就在家里种烤烟;前几年跟着村里的几个人到青岛打工。家里经济条件不好,兄弟姐妹也多。我学习不太好,就想着早点挣钱。去年回家过年,家里给我介绍了隔壁村的一个男孩,感觉还可以。他原本在广州打工,后来也跟我去了青岛。我们打算明年结婚。在我这个年龄结婚不算小,身边的很多同龄人都当妈妈了。"

二、中职教育普受欢迎

相比于高中院校,当地村民更倾向于选择中专院校。在经济条件有限和整体文化基础薄弱的情况下,中职教育更加注重实践能力和职业技能的培养。接受中职教育能更快地获得工作技能,更早地适应市场的需要,进而及时改善家庭的经济状况。调查发现,佤族村民对子女就读高中的支持度普遍不高,他们更倾向于让子女,尤其是女儿就读中职院校。YH村约六成村民认为读书的作用不大,"女娃迟早要嫁人"。

个案A,YH村,男,48岁,核桃种植者,编号201901

"我女儿今年上初二,我打算让她上中专,上个师专什么的都可以,出来做个老师,工作还稳定。一是孩子基础不好,二是考虑到自家的经济条件。如果她读完高中还要读大学,现在社会上大学生那么多,就业也不见得有优势。每年学费和生活费不说上万元,也要好几千元,我辛辛苦苦供她读大学,读完又很可能找不到工作。中专就不一样,免学费,并且学的知识好找对口的工作。"

三、国家通用语言文字使用受限

根据问卷调查分析,佤族地区教师教学语言使用情况如图7-3所示:

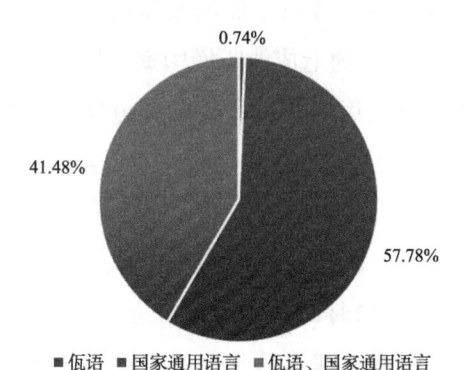

图7-3 佤族地区小学教师教学语言使用情况分布

由上图可见,佤族地区小学教师教学语言的使用主要表现为三种情况:佤语教学、国家通用语言教学,以及佤语、国家通用语言双语教学。调查问卷显示,在受访的135名小学教师中,78名小学教师以国家通用语言进行教学,占总人数比例的57.78%,56名小学教师以佤语、国家通用语言双语进行教学,占总人数比例的41.48%,1名小学教师以佤语进行教学，仅占总人数比例的0.74%，且受访者均为年长者。以上数据表明，在国家推广国家通用语言文字教学的引导政策的影响下，佤族地区的国家通用语言文字教育受用范围逐渐扩大。同时，国家推广少数民族地区双语教学的引导政策得到落实，当地的佤族教育的受用范围也在逐渐扩大。从长远看，国家通用语言文字在教育、教学中的普及有利于增加佤族学生与外界接触的机会。此外，双语教育为佤族人民的后代对佤族文化的认同、传承提供了有力保障。从佤族妇女的角度看，接受国家通用语言文字教育有利于佤族妇女文化水平的提高和独立自主意识的增强。

事实上，即使佤族地区国家通用语言文字教育的受用范围在扩大，佤族妇女国家通用语言文字能力的发展也并不平衡。佤族妇女国家通用语言文字水平与年龄成反比。YH村有一所小学，没有幼儿园，1—6年级各1个班，每班约20名学生，全校共有12名教师。课上，教师使用国家通用语言文字进行教学，但在课间和日常生活中，学生仍以方言交流为主。村中45岁以上的妇女中，约八成听不懂国家通用语言，有的人偶尔听懂一些；30—45岁的妇女中，约七成能听懂国家通用语言，其中约四成的妇女能较熟练地使用国家通用语言进行交流；30岁以下的妇女中，在读或小学及以上学历者均能较熟练地使用国家通用语言进行交流。

个案V，YH村，女，37岁，服务业工作者，编号202002

"上小学的时候，我们村的老师都是本地人，上课用的主要是佤语；后来去县里上初中，老师上课用的主要是普通话。语言障碍是我在学习上遇到的最大的困难。我只能请教普通话讲得好的同学，然后自己死记硬背。"

个案C，YH村，女，14岁，在读初中生，编号201903

"我在镇上读书，只有周末回家。每学期的住宿费和伙食费总共1500元。虽然学校里大部分人是佤族，但上课时大家都说普通话。平时我们也很少用佤语，因为地方口音不同，交流起来还不如普通话方便。我回家时跟父母交流用佤语，同龄人以普通话交流为主。"

四、继续接受教育受阻

问卷显示,"早婚""外出打工""经济水平""读书观念"和"学习成绩"是阻碍佤族妇女继续接受教育的主要因素,其影响程度及具体情况如图7-4所示:

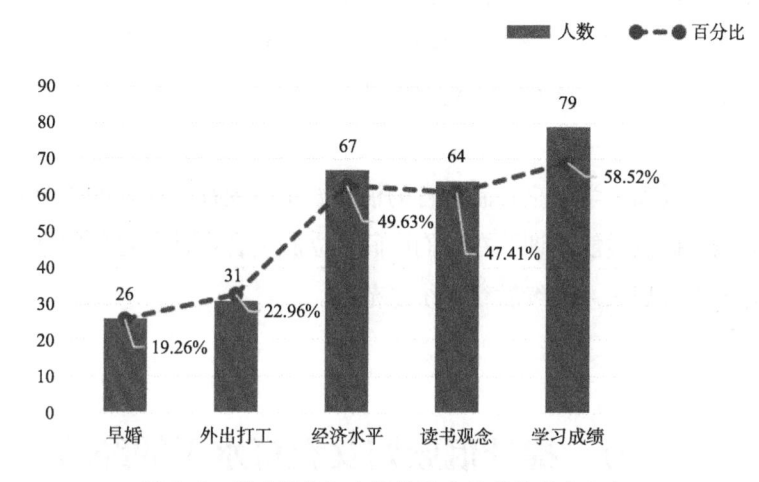

图 7-4 影响佤族妇女继续接受教育的因素分布

由上图可见,影响佤族妇女继续接受教育的前三个因素依次为"学习成绩""经济水平"和"读书观念"。调查问卷显示:79名佤族妇女持"影响我继续接受教育的重要因素是学习成绩"观点,占总人数比例的58.52%;67名佤族妇女持"影响我继续接受教育的重要因素是经济水平"观点,占总人数比例的49.63%;64名佤族妇女持"影响我继续接受教育的重要因素是读书观念"观点,占总人数比例的47.41%。以上数据表明,大部分佤族父母基于"家庭贫困""女儿学习成绩差"等客观事实才被动放弃了女儿继续接受教育的机会。放弃继续读书机会的佤族妇女主要选择"外出打工"或"早婚",人数分别是31和26,各占总人数比例的22.96%和19.26%。继续加大力度对佤族妇女继续接受教育进行宣传和扶持势在必行,相关部门应创造更多的条件和机会,使"想上学""能上学"的佤族妇女"上好学"。

个案A1，NL村，女，35岁，旅游村售卖针织挎包的女老板，编号202007

"当年因为家庭贫困，我把上学的机会让给了弟弟。现在这里的旅游业给村民创造了提高收入的机会，我非常珍惜。如果以后我有机会继续接受教育，当然更好。这里的游客来自五湖四海，如果我的文化水平高一些，跟他们沟通、交流自然就更顺畅了。"

另外，脱离了学校全日制教育的佤族妇女接受社会教育的机会有待增加，为她们提供技能培训、在她们中间成立脱贫合作社、对她们进行技艺传承等也应被划入"继续教育"统筹范围。

第三节　提升佤族妇女教育水平的经验

提升佤族妇女的教育水平不仅能够改变她们的个体命运，还对她们所在家庭、社区乃至整个社会的发展具有积极的推动作用。然而，提升佤族妇女的教育水平是一个长期而复杂的过程，需要从制度建设、资源配置、观念引导等方面多维度地进行系统性的改进。

一、政策扶持与制度保障的落实

沧源佤族自治县人民政府认真贯彻落实《义务教育法》，对城乡义务教育免除学杂费，并通过一系列有效措施使学生的营养得到改善。2023年城乡义务教育补助经费直达资金为6053.01万元，其中，义务教育公用经费为1545.47万元（普通学校1357.38万元、特殊教育学校82.95万元、

100人以下校点105.14万元），校舍安全保障资金为1164.00万元，义务教育阶段家庭经济困难学生生活费补助资金为734.76万元，义务教育营养改善计划资金为1735.29万元，义务教育特岗教师经费为531.49万元，乡村教师综合奖补助资金为342.00万元。同时，沧源佤族自治县人民政府以"四举措"保障适龄儿童公平接受义务教育：

一是关心、关爱弱势群体学生，以政府为主导，积极创建"儿童之家"。目前全县共建有19所"儿童之家"。

二是认真落实"两为主"政策，将进城务工人员子女入学纳入当地教育发展规划及财政保障体系。目前全县的义务教育学校中共有940名进城务工人员随迁子女就读，同等享受各种惠民政策。

三是重视发展义务教育阶段特殊教育。将残疾儿童和少年纳入正常学生群体，使他们随班就读，对一些上学不便的适龄残疾儿童和少年采取"送教上门"的方式，保障全县残疾儿童、少年的平等入学机会。目前，当地义务教育阶段特殊教育学生共有165人，其中随班就读残疾学生116人、"送教上门"残疾学生49人，大大提高了全县残疾儿童、少年的入学率。

四是建立、健全控制学生辍学和动员辍学学生复学的机制。把"控辍保学"作为脱贫攻坚工作考核指标的重要内容，与脱贫攻坚工作同部署、同检查、同考核，加大依法控辍力度；认真开展爱心控辍、教改控辍、资助控辍行动，学校认真做好辍学返校学生的情绪疏导和心理健康教育，彻底消除因贫辍学的现象。

二、基础设施与资源配置的完善

随着教育信息化的推进，加大对学校硬件设施和信息化设施的投入力度，让佤族学生享受最新的教育技术和信息资源势在必行。通过丰富课程内容培养学生的实践能力和创新精神；改善教学环境，保证基本的学习环境和教学条件。努力缩小与发达地区的教育差距，确保佤族地区的学生享有平等接受教育的权利。通过提升教育水平培养更多的高素质人才，有效带动佤族地区经济、社会的长远发展，助力脱贫攻坚和乡村振兴战略的实施。

制定并实施对少数民族地区佤族教师的优惠政策也是一项不容忽视的重要工作。通过设立民族地区教师津贴提高佤族教师在艰苦的边远地区的待遇；有针对性地对在佤族地区做出突出贡献的优秀教师进行表彰和奖励；定期组织在职进修、学术交流等活动，拓宽教师的视野，鼓励并资助他们提升学历及参加专业发展项目；多渠道宣传佤族优秀教师的事迹，增强教师的职业自豪感和社会责任感，激发更多的佤族年轻人投身教育事业。

三、教育方式与教育内容的创新

教育方式的创新主要体现为对教师开展远程教育技术和教学法的专项培训，提升教师利用远程教育工具进行有效教学的能力。促进城乡学校结对帮扶，通过远程同步课堂、专递课堂等形式，乡村和偏远地区的学生也能享受到城市学校的优质教学资源。支持职业院校、普通高校、科研院所、企事业单位共同研发课程，推动产、学、研、用一体化发展，提高远程教育资源的专业性和实用性。

个案R，NL村，女，25岁，中学教师，编号201918

"现在，我们中学教师被要求参加定期的远程教育培训。主要目的有两个：一个是提升我们的教学水平，向先进地区的优秀教师看齐。这些培训都是学校出面组织进行的，有时在会议室集中看视频，也有时通过公众号看视频。另一个是实现这里的学生直接与外界师资对接，也就是通过多媒体，我们的学生可以参与外地名师的课堂，我们负责课后跟进，帮助学生进行知识消化和巩固。"

个案C，YH村，女，14岁，在读初中生，编号201903

"远程教育让我触动很大，我才知道外面的世界多么丰富，外面的教育多么先进！我们这里的教育条件落后，高学历的女孩子并不多见。我要更努力地读书，争取机会走出沧源，走出云南。"

教育内容的创新主要体现为结合佤族文化特色和当地产业发展需求设置适应市场需求的职业技术课程。具体表现为注重民族手工艺和文化创意设计、生态农业和农产品加工技术、乡村旅游和服务管理、数字媒体和网络营销等，提升佤族妇女的就业技能；在社区设立学习中心或夜校，方便佤族妇女在家庭劳作之余参加各类学习活动，持续提升知识和技能，帮助佤族妇女实现自我发展和经济独立。

个案G1，BK村，女，35岁，针织、刺绣出名的妇女，编号202013

"县里的人来找过我，让我参与录制现场针织、刺绣的课程，我是非常乐意的。社会发展的步伐在加快，行行出状元，只要愿意学，心灵手巧，自然就会有一份稳定、可观的收入。女孩子并不只读书才有出路，学会针织、刺绣的手艺也是一种本事，也能体现一种文化传承。"

四、社会观念与家庭成员的助力

社会观念与家庭成员的助力主要体现在转变"读书没有太大作用""女孩迟早要嫁人"等传统观念上，强调女性教育对于个人发展、家庭幸福及社会进步的重要性。教育体现的不仅仅是获取知识和技能的过程，更是塑造人格、提升素养、培养独立思考能力和创新能力的重要途径。对女性来说，接受教育可以提高自身的社会适应能力，增强自我实现的价值。受过良好教育的女性有可能获得更多的就业选择，从而实现经济独立，不仅能减轻家庭经济压力，还能在婚姻生活中拥有更多的自主权和选择权。地方政府通过文化墙、公众号、文化表演、知识竞赛等多种方式,从县城到村寨,倡导全民读书,推进文明创立。

个案H,BK村,女,46岁,村妇联主任,编号201908

"大部分村民都比较重视孩子的读书。女孩子如果多读几年书,就有机会了解外面的世界,无论在就业上还是在婚姻上,都有更多、更好的选择。以前,村民觉得读书浪费时间和金钱;现在不同了,大家都知道国家对教育的扶持力度非常大,只要能考上,有机会读书,哪怕是校园贷款,也是低息或零息的。"

在当前的佤族社会,家长愈加理解并重视女儿的教育问题,并提供家庭层面的鼓励和支持。女性教育水平的提升有利于推动性别平等,促进社区乃至整个社会的发展和进步。母亲是孩子的第一任老师,受过良好教育的母亲能为子女提供更为优质的家庭教育,帮助他们树立正确的价值观,有助于子女的成长。

个案G,BK村,男,50岁,鸡鸭养殖者,编号201907

"我和我老婆都很支持孩子们上学,无论从物质上还是精神上。现代社会是知识型社会,没有知识和文化,就只能从事像我们这样的低端行业。开支大点儿也没事,咬咬牙就过去了,回报总是大的,要将眼光放长远一些。"

第八章 佤族妇女与服饰

佤族是典型的山地民族。佤族人性格豪爽，在穿着方面讲究朴实、自然，以及大方、耐用，很少过于在意装饰。闫铭砚等人通过将佤族地区传统的青年女装与现代青年女装进行比较，发现了佤族服装多方面的演变特点：一是款式。表现为由之前的中长裙向短裙的演变，主要出于从事现代劳作的方便及青年女性的舞蹈需求。此外，现代服饰不再成为判断村民归属地的主要凭据，相反，各村寨的服饰具有较大的相通性。二是材质。现代服饰以人工纤维、混纺面料替代传统的麻布、木棉布等，主要出于成本降低及制作流水线化。三是工艺。服装设计、缝纫机和拉链的介入使传统的纯手工艺服饰逐渐减少，主要缘于价格战争，生活、生产方式的改变。王莉阐述了佤族妇女织锦的历史渊源、制作过程、纹样内涵及社会功能。她认为，佤锦体现了佤族妇女的审美特征，还象征着她们的自然崇拜。妇女筒裙、挎包体现了强烈的村寨特色和集体认同，即"一村一款式""认服饰，辨村寨"。同时，织锦还体现出了佤族的价值观念、伦理和道德理念，如尊老爱幼、尊重妇女、勤劳、勇敢等。罗丽红分析了佤族妇女的银饰在佤族历史、文化传承方面的重要社会功能，认为银饰体现了佤族的三种价值理念：一是财富和地位的象征。银饰对于佤族妇女，无论是用于日常或节日打扮，还是出嫁时娘家倾其所有为她们打造作为嫁妆，均代表着家庭财富的多寡。二是心理上的安慰。银饰对于佤族人民代表着纯洁、健康，可消除灾祸、祛病除痛，体现了佤族人民对幸福、光明、温暖的向往。三是美好愿望的寄托。佤族是一个没有自己的文字的民族，银饰上的纹样，如牛头、葫芦、谷穗等，体现了该族群的图腾崇拜、价值观念，以及求福、祈愿之意。

第一节 服饰特色

佤族服饰顺应了当地的气候特点和生活环境，功能性较强，能够满足佤族人民日常生活及劳作的需求，即便在现代生活中，仍具有一定的实用价值，从而得以传承和创新。佤族人民对本民族文化也有着极高的认同感和自豪感。佤族的服饰文化历史悠久，唐朝杜佑《通典》中的《南蛮上》记载"其衣服，妇人以一幅布为裙，或以贯头"，现在很多少数民族的服饰还保留着贯头服的基本特征。通俗而言，所谓的"贯头"，就是取一整块布料，在中间剪一个小洞，套在头上。《蛮书》卷四《名类》中又载"妇人亦跣足，以青布为衫裳，联贯珂贝、巴齿、真珠，斜络其身数十道"。

相较于男性服饰，佤族女性的传统服饰保留着更多的本民族的传统风格。上衣通常以红、黑两色自染棉布缝制而成，上面相间点缀着橘色、绿色的装饰图案，紧身而无袖、外露肚脐的短衣和开襟短单衣较为流行。下身以自织、自染的棉质或麻质筒裙为主，一般将黑、红、蓝、紫、黄、白等颜色的彩线混纺成条纹花粗布，单幅围裹。筒裙上整块布中间的位置最为显眼，妇女们喜爱在这个位置竞相展示自己的手艺。织绣图案的花样丰富多样，有动物花样、植物花样、自然现象花样等，一般以简单、鲜明的变形图案为主，如牛角纹、小米雀眼睛、太阳、月亮等。并且，佤族妇女用来刺绣和纺织土布的工具极其简单。

图 8-1　佤族妇女的织布工具与纺织成品挎包

根据调查分析，佤族妇女对不同颜色的民族服饰有不同的选择。由图 8-2 可见，佤族妇女对于不同颜色的佤族服饰各有偏好。问卷显示，86 名佤族妇女"喜欢黑色佤族服饰"，占总人数比例的 63.70%；80 名佤族妇女"喜欢大红色佤族服饰"，占总人数比例的 59.26%；29 名佤族妇女"喜欢粉红色佤族服饰"，占总人数比例的 21.48%；1 名佤族妇女"喜欢其他颜色佤族服饰"，占总人数比例的 0.74%。

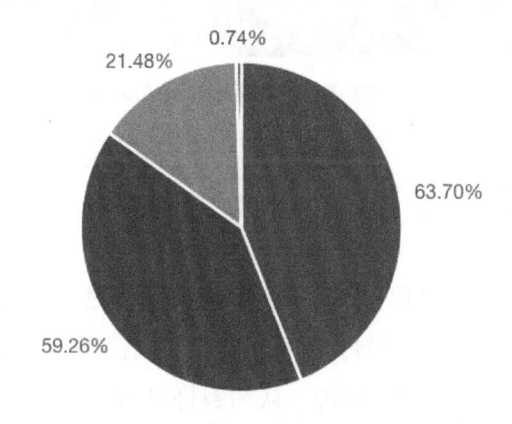

图 8-2　佤族妇女对不同颜色民族服饰的喜爱程度分析

总体而言，受传统审美的影响，大部分佤族妇女喜爱传统的黑色或大红色的佤族服饰，这也体现出佤族人豪迈而大方、朴实而自然的性格特点。同时，受现代审美文化的冲击，年轻的佤族女性对粉红色或其他颜色，如绿色、蓝色等色彩比较新颖、独特的佤族服饰也很喜爱，佤族妇女的传统审美观念正随着社会的发展而不断变化。（见图8-1、图8-3）

图 8-3　年轻佤族妇女的服饰

一、银饰

在佤族社会，银饰不仅是个人富有的象征，还是家族荣誉的体现。佤族银饰通常以纯银为主材料，以手工打制而成，每个家庭都收藏有一定数量的银子。佤族妇女崇尚银饰，认为银饰具有"吉祥""平安"等寓意，佩戴它们能给自己带来好运，并且能保护自己免受灾难侵害。

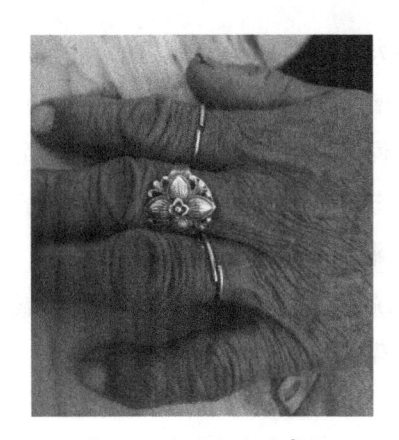

图 8-4　佤族妇女的戒指

佤族银饰有一种粗犷而古朴、单纯而厚重的美感，且佩戴银耳饰时以大为美是古已有之的习俗。佤族银饰的品种很多，发箍、耳环、项链、手镯、戒指等均以银质为美，方便随身携带。妇女喜欢在脖子上或上臂、手腕处戴两三个银质圈，尤其喜戴素面、粗大的银手镯。银饰随着动作在佤族妇女的耳畔、颈间晃荡，展示了她们的豪放不羁，也彰显了她们对美的独特理解和追求。

图 8-5　佤族妇女的项圈

为了使耳洞足够大，以方便戴上银耳柱，佤族妇女通常在耳洞中插入碎木片，每两到三天增加一个碎木片，直到耳垂上的孔被充分撑开，能够塞入银耳柱，这个过程至少需要一个月的时间。年纪偏大的妇女喜戴垂肩的银质耳环，耳环形态多样，银面雕刻有样式繁多的花纹。有的中老年妇女虽不戴耳环，但耳洞内时常插着烟卷、钱币等，尽显洒脱、豪爽的个性。银饰作为佤族传统服饰的重要组成部分，不仅展现了佤族社会民间工艺美术的魅力，更承载了深厚的历史文化底蕴。

图 8-6　佤族妇女的耳环

个案 D1，BK 村，女，21 岁，小学教育专业学生，编号 202010

"就算在外面读书，平时我也经常佩戴银饰。银饰体现着我们佤族的一种审美文化。我们佤族女性的很多银饰都是长辈送给的，比如婆婆送给儿媳妇的、母亲送给女儿的等，它们代表着长辈对我们的美好祝福。也有恋人送的，比如作为定情信物、订婚礼物等。当地打银师傅收取加工费就可以重新制造花纹、做深度清洗等。"

银饰设计风格独特，图案和花纹繁复多样。图案主要包括动物、植物、木鼓、牛头、太阳、月亮、星星等元素，能直观地反映佤族人的图腾崇拜和生活场景。花纹主要有白鹇鸟翎纹、松鼠牙纹、箭尾羽翼纹、茅草纹等。（见图8-4至图8-7）

图 8-7 佤族妇女的手镯

到了21世纪，受外界的商业和价值观的影响，当地妇女并非仅钟情于银饰，她们逐渐爱上了以珍珠为主或珍珠与银饰混搭的饰品风格。

个案E，YH村，女，64岁，留守老人，编号201905

"银饰好看是好看，但太沉，且要经常清洗。珍珠同样闪闪发亮，还容易清理，戴起来也舒服。现在集市上卖的更多是珍珠，款式也比较多，且价格能接受。"

可见，价格、款式、保存方式等成为佤族妇女在挑选饰品时重要的考虑因素。事实上，乡镇集市上出售的多为珍珠仿制品。但大部分受访佤族妇女表示不介意，她们认为很多银饰亦属于仿制品，只要能为自己的外表增加亮色，让自己保持愉悦的心情即可。（见图8-8）

图 8-8　佤族妇女的仿制珍珠项链

二、发箍

发箍也是佤族妇女最具代表性的饰品之一，它不仅体现着佤族独特的饰品文化，也是识别佤族妇女的一个显著标志，是佤族民族服饰文化中的重要组成部分。年轻的佤族妇女通常以留有一头乌黑的长发为美，且常将长发散披于肩后，因此，她们常用一个弧形的银制发箍在头顶将头发固定并扎紧。远远望去，头箍在黑油油的长发的映衬下闪闪发光，像黑色瀑布中一条闪亮的银带。发箍既可保证头发不散落在前方，遮挡视线，又显得美观而大方。

图 8-9 佤族妇女的发箍

发箍多以铝、白银等金属制作而成，也有采用竹藤或麻线编织而成的，呈月牙形，中间宽，两头窄，长约30厘米，宽1—5厘米，上面刻有各种精致的图案和花纹。相较于手镯，发箍同样展现了佤族人民精湛的手工技艺和独特的审美情趣，体现了佤族妇女粗犷、豪放的性格。（见图8-9、图8-10）

图 8-10 款式独特的发箍

三、腰带

佤族妇女的腰带是佤族传统服饰中不可或缺的部分，同样具有鲜明的民族特色和艺术价值。腰带不仅起着固定筒裙、装饰外表的作用，还承载着丰富的象征意义和社会功能。腰带是佤族妇女最为珍爱的物品，一般以棉麻或丝线编织，以象牙和料珠串缀成，颜色丰富且图案精美，上面常有手工刺绣或织造出的几何纹样，花卉、植物等图案，与佤族织锦上的图案风格呼应，体现了佤族人民高超的手工艺技术和独特的审美情趣。

图 8-11 佤族妇女的腰带

佤族妇女在一些特定场合佩戴的腰带往往价格昂贵，如在订婚时，贵重的腰带往往成为她们期待的体面聘礼之一，佤族民间有"一根腰带，一头黄牛换"的说法。腰带也可以银制成，银制腰带上镶嵌有各种花纹，代表着财富、身份和地位。腰带末端还常镶嵌有银、贝壳等制成的响铃。响铃是佤族妇女喜爱的装饰品之一，有"驱灾""祈福"之寓意。走路时，响铃晃荡不止，发出清脆、动听之声，使佤族妇女更显魅力和自信。总体来说，佤族妇女的腰带既是一种实用性的服饰配件，也是展示佤族女性优雅身姿和民族风情的重要载体，充分体现了佤族传统文化中的生活智慧和

美学理念。(见图8-11)

四、篾箍

篾箍又称"竹篾箍"或"藤篾箍",在佤族文化中是一种具有实用性和象征性的手工艺品。篾箍主要由当地丰富的竹子或藤条经过精细的剖削、编制而成,其工艺古老而独特。佤族妇女通常在颈、腰、手臂、脚几个部位佩戴篾箍,且篾箍的数量随妇女的年龄而递增,因此,欲知佤族妇女的真实年龄,看其脚箍数量便可。篾箍上一般涂有红、黑两色漆。走路时,篾箍随脚步上、下、左、右摆动,尤为好看。佩戴藤篾脚箍时,需要把绑腿布扎紧,这样,外出劳作时,皮肤就不会被杂草、树枝划破,既实用,又可以当作饰品。

五、挎包

佤族挎包又叫"筒帕"或"腰篓",是佤族人民日常生活中不可或缺的实用工艺品和装饰品。如今,挎包已经逐渐成为佤族妇女日常生活中不可缺少的一部分,妇女无论老少,外出劳作、赶集时都喜欢在腰间挎包。挎包为使用织布机将棉、麻、丝、毛线等天然材料编织而成,材质很轻,却厚实而耐磨;颜色鲜艳且图案丰富多样,通常以红色和黑色为基调,辅以织造而成的条纹、方块纹等各种几何装饰图案,间以少量白色、黄色点缀物,图案一般不是很复杂;底部两端垂有线穗。

挎包具有极大的实用性,方便佤族妇女携带物品,如食物、茶、工具等。同时,挎包也是佤族妇女充分展示自己的手工技艺的重要载体,甚至可以作为一种定情信物或者赠予亲朋好友的礼品。佤族挎包不仅在本民族内部流传使用,也因其独特的民族风情和艺术价值受到外界人士的喜爱和收藏。如今,在一些旅游景点和网络购物平台上,佤族挎包作为具有浓郁民族特色的商品被广泛推广并销售。(见图8-12)

图8-12 佤族妇女与手工挎包

如今，只有中老年佤族妇女才常穿传统民族服饰，年轻妇女平时的衣着与汉族差别不大。如果遇上隆重的传统节日，年轻妇女也特意打扮一番，极力展示佤族传统服饰的魅力。民间歌曲《佤山彩云飞》将佤族妇女的美丽服饰融于佤族民俗中：

一片片美丽的彩云是阿佤姑娘的筒裙，
一首首动情的诗是阿佤小伙的新衣。
月亮太阳，山寨神林，月亮太阳，白花小草，山寨神林，小牛梦想啊！
阿妈手中线，天上和人间，织说千古事，佤山彩云飞，
阿妈手中线，天上和人间，织说千古事，佤山彩云飞，加林赛！
一片片美丽的彩云是阿佤姑娘的筒裙，
一首首动情的诗是阿佤小伙的新衣。
火塘茅屋，三弦木鼓，火塘茅屋，新米酒水，三弦木鼓，跳歌恋情。

阿妈手中线，天地万物灵，织出幸福路，佤山彩云飞 。①

第二节　织布技术

佤族的纺织已有200多年的历史，佤族人普遍穿上衣裙却是近100多年的事，先前他们仅穿以麻布、木棉布做成的遮羞的短裙。佤族妇女的织布技艺广传于民间。在过去，这些技艺的应用目的主要是实现自我需求和自我满足。如今，这些技术已经成为旅游业商品发展的重要契机之一，纯手工、半手工的纺织品被加入了大量的现代化元素，尤为畅销，常见商品有上衣、裙子、毯子、围巾、坐垫、钱包、挎包等，五花八门。（见图8-13）

图8-13　旅游景点佤族服装专卖店

佤族织锦又称"佤锦"，是佤族人民世代相传的传统技艺之一。佤族

---

① 中共临沧市委，临沧市人民政府.云南省临沧市少数民族经典歌曲选[M].2013.

的纺织技艺保持了传统的手工特性，现已被列入国家级非物质文化遗产项目，为佤族社会带来了经济收益和社会认同感，同时也成为对外展示佤族文化的重要主题。

图 8-14 翁丁部落的织布展示

纺织是佤族妇女从事的家庭手工业，每个家庭都有一两套简单的编织工具。佤族妇女织布以野生大麻为主料、以织布机为主要工具，制作过程严格而复杂。

第一步，准备原材料。将整棵麻树砍下，拖回村中晒干；晒干后浸泡一个晚上，把皮削掉，并再次晒干；抽出丝，用力搓成线，待用。

第二步，腰机就绪。腰机是当地常见的织布工具，以竹木制作。先通过综将经线穿好，把所需的经线卷成一卷，它的一边被绑在妇女腰间，另一边以木棍穿好，被平放在固定于地上的两根木桩上。

第三步，织布。将腰机展开，两头紧绷；织布者通过调整腰部和脚部的力量来控制经线的张力，把缠绕在木棍上的纬线穿到经线中间，用刀将线打紧，形成织物。（见图 8-14、图 8-15）

图 8-15 佤族妇女在织布

织物染色也有讲究，一般以植物进行染色。首先，选取当地生长的具有丰富颜色成分的植物作为原料，如板蓝（用于染蓝色或黑色）等，将之在清水中浸泡半个月左右，目的是使植物中的色素充分溶解到水中。取出植物材料后，在得到的植物色素水中加入生石灰水（石灰与水反应生成的氢氧化钙）。这一步有助于固色，提高色素对布料的亲和力，并且能调节染液的pH值，促进某些植物色素的稳定。接着，将色素水静置三日，使杂质、不溶物等形成蓝泥，沉淀到容器底部，再小心地撇去液体表面的浮沫和部分杂质。再使用纱布对染液进行细致的过滤，进一步去除悬浮物和微小颗粒，确保染液纯净。然后，捞出沉淀下来的蓝泥，将之与碱和白酒混合，并搅拌均匀。碱性物质可以增强染色效果，白酒可作为助溶剂或媒染剂使用，使植物色素更好地吸附于纤维上，可根据需要再加入适量的清水调整染液浓度。最后，将预先用清水浸湿的布料放入调制好的染液中，采用冷染的方式进行染色。此过程较为缓慢，但有利于色泽均匀，减少色彩流失。经过一段时间的氧化固色后，取出布料，用清水反复冲洗，直到洗净多余的染料和杂质，最终晾干，即可得到染色完成的布匹。

佤族纺织品以色彩鲜艳、图案独特而著称。出于对多种颜色的需求，佤族妇女常到集市上购买各种颜色的开司米线，用米汤浸泡后，用纺车绕成团，将线头拉成所需长度的经线，便可织出五颜六色的图案，并将牛头、牛骨、猫头鹰、蜜蜂等图案元素融入服饰和挎包中。随着时间的推移和人们审美意识的提高，图案还被加入了很多绿水青山、森林和花草、彩霞和云霓等时尚元素，款式也逐渐增多。同时，织布技术还可与当地的棉花、亚麻等自然资源结合起来，提升了当地的经济效益和人们的生活质量。（见图8-16）

图 8-16 佤族中年妇女的服饰搭配

不少佤族中年妇女成为织布技术的主要传承人。一针一线的纺织极费眼力、精力，需要足够的耐心，且须保持下手均匀，如果在织布过程中不能很好地把握松紧，自然影响织出的布的美观。一条制作工艺较好的围巾在市场上能卖出150 — 200元的价格。还有的织品未经过织布机，是纯手工织造的，如女士挎包，价位在300元左右。全职从事针织的佤族妇女极少，每个样本村寨有3 — 5人；更多的妇女是兼职，即农忙时以从事种植业为主，农闲或旅游旺季才偏重于从事针织。

个案H，BK村，女，46岁，村妇联主任，编号201908

"我们村几年前被批为旅游点，在政府的扶持下也开设了非遗传承班，布置了佤布展室，各地游客慕名而来。平时村中青年妇女没有几个人，以老年妇女为主。如果单靠季节性的旅游业收入，普通村民难以维持生计，所以她们一般在旅游旺季回来。尽管不会织布技术，但她们可以跳舞、唱歌，卖些土特产或开设农家乐。旅游淡季时，她们基本上外出打工。"

个案A1，NL村，女，35岁，旅游村售卖针织挎包的女老板，编号202007

"这些挎包都是纯手工的，是我们用织布机、梭子织的。村子被开发成旅游村后，我们女人只需要坐在自家门前纺织，供游客参观、访谈和拍照，每户每天能拿到政府60元的补贴。游客也可以购买我们的挎包，价格为60—80元。"

事实上，在未开发旅游业的佤族村寨，多数年轻的妇女已经完全脱离了针织技艺，上一辈留下来的织布机被闲置在杂物间或堆放在室外。在外界的消费刺激和消费理念的影响下，当地青年男女的审美观出现了转变，普遍对现代汉族服饰甚至西方礼服比较感兴趣。（见图8-17）

图8-17 勐董镇的现代婚纱店

个案J，BK村，女，62岁，留守老人，编号201910

"我们年轻的时候，家里都有织布机，大家都认为不会织布的女人不贤惠。因此，女人都利用农闲时织布，将织布机移到大厅或家门口，一边忙活，一边聊天，那是件非常开心的事。现在的年轻人已经很难爱上这些旧东西，他们喜欢直接到集市上购买。如果有人愿意跟我学习织布，我是很乐意教的，毕竟这是我们世代相传的技能。"

在现代佤族婚礼上，老一辈赠送的床上用品，如床单、被褥、枕套等依然带有一定的手工刺绣成分，但青年男女对它们的认可度通常不高。他们在日常生活中并不很乐意使用传统款式的用品，而是购买现代款式的用品代之，将传统款式的用品转赠他人或囤积收藏。当然，很多佤族青年男女也喜欢身着具有民族特色的服饰留影，比如拍结婚照等。（见图8-18）

图8-18 身着传统民族服饰拍摄结婚照的佤族青年男女

个案R，NL村，女，25岁，中学教师，编号201918

"我喜欢穿佤族传统服饰拍结婚照，这是具有我们本民族特色的服饰，我引以为荣。穿上土布衣裳，戴上亮闪闪的银饰，古朴又大方。年轻人也可以穿汉服或者西方婚服拍结婚照，各穿一套，没有冲突。中西结合，传统与现代结合，非常棒！"

为进一步了解佤族妇女的个人状况对"在技艺传承中掌握织布技术"和"在技艺传承中掌握刺绣技术"的影响情况，调查组构造了如下2个实证回归模型：

$$Y_1 = C_1 + \beta_1 age + \beta_2 educational + \beta_3 profession + \beta_4 marriage + \beta_5 working + \varepsilon_1 \qquad (1)$$

$$Y_2 = C_2 + \beta_1 age + \beta_2 educational + \beta_3 profession + \beta_4 marriage + \beta_5 working + \varepsilon_2 \qquad (2)$$

其中，Y_1、Y_2分别为"在技艺传承中掌握织布技术""在技艺传承中掌握刺绣技术"两项；C_i为常数；β_i为各个自变量的偏回归系数，即受访佤族妇女的年龄、学历、职业、婚姻状况和打工经历基本信息；ε_1、ε_2为随机扰动项。

将佤族妇女的个人状况 age、educational、profession、marriage、working 设为自变量，将技艺传承中的项目设为因变量，考察受访者不同的信息特征对技艺传承项目中掌握织布技术、掌握刺绣技术的不同影响。从总体来看，两个模型的R^2分别为0.654和0.796，表明模型拟合优度好。模型的P值均为0，表明可以对模型进行分析。

表8-1 佤族妇女织布、刺绣技术的实证分析

自变量	因变量	
	模型1 （掌握织布技术）	模型2 （掌握刺绣技术）
（常量）	3.677*** （0.724）	1.572** （0.572）
年龄	0.491*** （0.104）	0.650*** （0.090）
学历	−0.330** （0.128）	−0.848*** （0.110）
职业	−0.029 （0.024）	−0.016 （0.021）
婚姻状况	−1.609*** （0.285）	−1.494*** （0.245）
打工经历	−0.810*** （0.198）	−0.605*** （0.171）
F	19.328	44.483
R^2	0.654	0.796
P	0	0

注：***表示在1%以下显著，**表示在5%以下显著，*表示在10%以下显著。括号里为标准误差。

从年龄结构看，受访者的年龄对"在技艺传承中掌握织布技术""在技艺传承中掌握刺绣技术"两个项目有显著正向影响，影响系数分别为0.491（P＜0.01）和0.650（P＜0.01）。表明年龄越大的佤族妇女，越擅长织布技术和刺绣技术。

从学历层次看，受访者的学历对"在技艺传承中掌握织布技术""在技艺传承中掌握刺绣技术"两个项目有显著负向影响，影响系数分别为−0.330（P＜0.01）和−0.848（P＜0.01）。表明与学历水平较高的佤族妇女相比，学历水平越低的佤族妇女，越擅长织布技术和刺绣技术。

从婚姻状况看，受访者的婚姻状况对"在技艺传承中掌握织布技术""在技艺传承中掌握刺绣技术"两个项目有显著负向影响，影响系数分别为-1.609（P＜0.01）和-1.494（P＜0.01）。表明与未婚佤族妇女相比，已婚佤族妇女对织布技术、刺绣技术的掌握程度更高。

从打工经历看，受访者的打工经历对"在技艺传承中掌握织布技术""在技艺传承中掌握刺绣技术"有显著负向影响，影响系数分别为-0.810（P＜0.01）和-0.605（P＜0.01）。表明与有外出打工经历的佤族妇女相比，无外出打工经历的佤族妇女对织布技术、刺绣技术的掌握程度更高。

综上，佤族妇女"在技艺传承中掌握织布技术"和"在技艺传承中掌握刺绣技术"的熟练程度受制于自身状况，尤其是年龄、学历、婚姻状况和打工经历。具体而言，高龄、低学历、已婚、无外出打工经历的佤族妇女对传统佤族社会的织布技术、刺绣技术的掌握程度更高。从某种程度上可见，织布和刺绣已成为佤族家庭生产、生活中的重要组成部分之一，旅游业的介入使留守村寨的佤族妇女通过传统技艺获取盈利。另外，佤族妇女对民族传统技艺的传承浸透着极强的民族认同感和文化传承责任感。（见表8-1）

第九章　佤族妇女与娱乐

　　佤族人民能歌善舞，无论在传统节日，还是逢喜或休憩，他们都习惯通过各种娱乐方式展示自身的魅力。赵明生提到，佤族的木鼓节、新米节、火把节、春节等节日在增强民族认同，促进中、缅两国文化交流等方面发挥着重要的积极作用。以新米节为例，自1999年以来，新米节作为佤族法定的传统节日，时间被定在中秋节前夕，即农历八月十四。两节同过，加之官方的大力宣传，为促进当地旅游业发展，以及佤族村民走向外界提供了一个良好的平台。在阐释不同的节日时，佤族妇女所扮演的角色及发挥的作用均有涉及，如在新米节，村中德高望重的老妇人会到野外采摘新谷穗并回寨供奉，等等。王颂扬论述了佤族甩发舞的由来、表现形式及其价值，主要包括艺术欣赏价值、社会整合价值、民族文化传承价值，以及娱乐、健身价值。他认为，甩发舞是佤族妇女自娱性舞蹈，无论在祭祀过程中还是节假日，均较常见，具有广泛性、民众性特征，充分展示了佤族民众运动的激情。在甩发舞中，佤族妇女一改传统妇女柔弱、温柔、害羞等性格特征，将自身性格中热情、豪爽的另一面刻画得极为到位。

　　佤族人民的娱乐文化丰富多彩，但不少民间传统项目的参与者局限于男性，如射刀刃、爬杆、顶杠、射弩、打陀螺、踩高跷等，讲究的是气势、耐力和技巧，多由强壮的男青年参与。女性更倾向于传统的特色舞蹈。女性主导的典型项目主要是甩发舞、织布舞，男女共舞的典型项目主要是圆圈舞、木鼓舞等。

第一节 传统舞蹈

佤族舞蹈堪称"中国原始舞蹈的活化石",极具生活感和民族风情。在开始阶段,佤族舞蹈主要展示日常生活和劳动场景,例如模仿舂米、纺织、狩猎等动作,将生产劳动转化为艺术形式,体现了佤族人民的生活智慧和对自然的敬畏;随着主题的逐步丰富和深入,还涉及娱乐、祭祀、恋爱等场景。佤族舞蹈具有独特的民族特色,舞者的下肢动作复杂而多变,双脚跺踢有力,上身动作与之呼应。跳舞的佤族妇女身着鲜艳而多彩、绣饰精美的民族服装,佩戴银饰和其他头饰。传统舞蹈是佤族维系民族团结、传递历史记忆和集体情感的有效途径,人们通过共同参与舞蹈活动,增强了佤族内部的凝聚力和对外的文化交流。

一、甩发舞

甩发舞是一种流行于临沧市沧源佤族自治县的民间舞蹈,佤语称"稿西尾黑",是在佤族地区青年女性中较为流行的休闲娱乐舞蹈之一,主要应用于庆丰收、祈福、迎客等场合。根据当地的一个民间传说,甩发舞为500多年前一名叫子叶的佤族女子所开创。一天,子叶与相爱的男子岩奇到山上的竹林里寻找竹笋,不承想,浓密的竹叶上缠满了蛛丝,蛛丝黏在子叶的长发上,他们想尽了办法,还是不能把这些蛛丝清理干净。岩奇急中生智,为子叶制作了一把竹梳子,让子叶在月光下梳理头发,在水池里洗过头发后再使劲儿将头发甩干,最终把蛛丝清理得十分干净。为了纪念这次特殊经历,子叶召集身边的佤族女子编排了甩发舞,并世代相传。

佤族妇女自古以来就有蓄长发的传统,并以长发为美。在日常生活中,佤族姑娘在未嫁人时不束发,她们洗过头发后,会在水边或竹槽下低头梳理并用力甩动头发以晾干，劳动的时候如不方便，她们也会把头发向后或两边甩，结果甩出一种很吸引人的美。这种生活中的动作逐渐演化成舞蹈的基本元素，形成了甩发舞。有一首民族歌曲，名字就叫作《长发甩起来》：

木鼓敲起来，长发甩起来。
米酒喝起来，阿佤跳起来。
天边的云朵飘过来，撒下了山歌唱起来。
暖暖的春风吹过来，掀起长发甩起来。
哎嘿！
远方的阿哥哎走过来，佤山的风光看不完。
醇厚的米酒管喝够啊，浓郁的古茶香天外。
木鼓敲起来，长发甩起来。
米酒喝起来，阿佤跳起来。
火红的太阳升起来，牵起了阿妹排队排。
热情的舞步迷人眼，敲响木鼓醉心怀。
哎嘿！
远方的阿哥哎走过来，佤山的风光看不完。
醇厚的米酒管喝够啊，浓郁的古茶香天外。
佤山的木鼓敲起来，长长的头发甩起来。
醇厚的米酒喝起来，哎嘿！
佤山的木鼓敲起来，长长的头发甩起来。
醇厚的米酒喝起来，浓郁的古茶香天外。
木鼓敲起来，长发甩起来。
米酒喝起来，阿佤跳起来。
木鼓敲起来，长发甩起来。
米酒喝起来，阿佤跳起来。
木鼓敲起来，长发甩起来。

米酒喝起来，阿佤跳起来。

塞！

甩发舞是佤族妇女的自娱性舞蹈，展现了她们豪爽的性格特点，具有独特的佤族文化韵味和深厚的文化内涵。跳舞的佤族妇女将头发梳理得异常整齐，所穿服装以黑色、红色为主，配以各种银饰，如手镯、耳环、发箍等，简单而大方。她们通常赤脚，表演人数为偶数，既可以两人共舞，又可以多人跳集体舞。表演时，舞者手拉手围成一个圆圈，围绕着圆圈中心的乐师或主持人转动。舞蹈的动作并不复杂，以上步、退步、左右移步配合上身前后俯仰、左右晃动，顺势甩动乌黑、亮丽的长发为主要特征。舞者使劲儿摇晃头发、转动头部，并配合优美的舞步和手势，给人一种飘逸的感觉；在音乐到达高潮之处时，她们齐声高呼，豪放无比。甩发舞节奏紧密，充满野性，将佤族人民对大自然的敬畏，以及他们的生活细节及细腻的情感充分地展现出来。除了在佤族的传统节庆上表演，甩发舞也是佤族人民社交娱乐和自我表达的方式，保持着浓厚的民族精神内涵。如今，甩发舞已经成为当地旅游景区的特色表演项目，以其特有的舞蹈语言展示了佤族人民热情奔放、刚柔并济的性格特征，吸引了众多游客的眼球，提升了佤族文化的知名度和影响力。（见图9-1）

图9-1　佤族甩发舞

二、织布舞

该舞蹈模拟佤族妇女的生产、劳动场景，将搓麻和织布的过程表现得淋漓尽致。"舞蹈的基本动作：上下织布，即双手五指并拢，大拇指虎口打开，一手至额头上方，一手至胸前，左、右手交替做，手腕带动。穿梭织布，即身体朝前侧方向，双手五指并拢，大拇指虎口打开，向里交替穿梭，向外打开时双手手肋重叠，上身配合下侧旁腰。交叉织布，即双手五指并拢，大拇指虎口打开，手腕交替向里外推、扣，带动手臂向里外交替运动，向里时小臂交叉，向外时手臂到平开位"[①]。舞蹈讲究身体与步伐的协调，将佤族妇女的勤劳和质朴形象地表现了出来。

但该舞种并没有得到佤族女青年的普遍认同，受众范围较窄。主要缘于该舞蹈的动作相对复杂，氛围平和，且参与对象仅限女性；逢年过节的表演频率不高，且并非游客观摩的节目的首选。

三、圆圈舞

圆圈舞又称"毕颂舞"或"佤族集体舞"，是佤族民间舞蹈的一种形式，具有浓厚的民族特色和丰富的文化内涵。该舞蹈通常在盛大节庆、仪式活动或者日常娱乐交际的场合跳，不分季节，不分男女、老幼。"跳舞时，全寨男女、老少均可参加。大家着盛装，手拉手或肩膀搭肩膀围成圈，朝逆时针方向旋转。首先朝右方走七八步，再用右脚顿一步，双脚齐蹦三次。步伐与歌声的节奏吻合一致。伴舞的曲调通常固定不变，但歌词即兴所成，由领唱者决定。有的村寨习惯男内圈、女外圈，共两圈一齐跳。圆圈中心通常有乐队吹笙笛"[②]。

[①] 周本贞.中国少数民族大词典·佤族卷[M].昆明：云南民族出版社，2014.

[②] 李德洙，胡绍华.中国民族百科全书（15）：傣族、佤族、景颇族、布朗族、阿昌族、德昂族、基诺族卷[M].西安：世界图书出版西安有限公司，2016.

图 9-2 佤族圆圈舞

该舞种得到佤族女青年的普遍认同，受众范围较广。主要缘于舞蹈动作相对简单，气氛热烈；参与对象男女、老少不限；逢年过节的表演频率较高，且游客可即兴参与。佤族过年不放鞭炮，不烧香，也没有大鱼、大肉，显得简单而安静。真正热闹的要数晚上的圆圈舞，通常在村里较为广阔的平地上举行。届时，全村寨的男女、老少均可参加，妇女身着色彩艳丽的裙装，戴着耀眼的银饰，格外引人注目。大家手拉手、肩并肩地围成一个大圈，随着音乐的节奏向左或向右移动，走几步跳一次，动作整齐划一。曲调往往固定不变，歌词则由领唱者即兴唱出。领唱者也并非固定，任何人都可以主动请求担任。在场的佤族人有的背着孩子，有的叼着烟斗，有的抿着米酒，大家兴致勃勃，氛围活跃。舞者通过手拉手、肩并肩的方式构成一个紧密的团体，体现了佤族人民团结、和谐和友爱的精神。佤族圆圈舞是佤族传统文化的重要组成部分，在世代相传的过程中保留了古老而独特的艺术风格，同时也在现代社会中继续发扬光大，成为展示佤族地区风情及对外展示佤族文化的重要窗口。（见图9-2）

四、木鼓舞

佤族木鼓被视为民族繁衍之源头，有着深厚的神话传说背景。制作和敲击木鼓，以及围绕木鼓起舞的传统贯串于佤族社会生活的诸多方面。木鼓舞以木杵、木鼓、锣鼓等进行伴奏。木鼓舞的动作刚劲而有力，节奏鲜明，表演者将佤族男子粗犷、豪放的性格表现得淋漓尽致，既表现了佤族先民狩猎、战争的场景，又传达了他们对自然界的敬畏，对祖先的敬仰，以及祈求丰收、平安的愿望。演出时，一名身材魁梧的年轻的男子边击打铓锣，边领着一群年轻的男女上舞台。舞台上健壮的男子挥舞着木杵，击打着木鼓；在木鼓的鼓点韵律下，佤族女子手拉着手，围成圈，甩着飘逸的长发翩翩起舞。佤族女子在甩发的同时，其银项圈也跟着发出有节奏的响声。在佤族社会中，木鼓舞是重要的社交活动载体，每逢节庆、祭祀等重要场合，人们都会聚在一起跳木鼓舞，增强了社区内部的团结协作和社会凝聚力。"木鼓舞已经成为佤族人民生活的重要组成部分，表达出佤族人民对美好生活与未来的向往"[1]。木鼓舞承载了佤族的历史记忆、生活习俗和审美特色。通过代代相传，该舞蹈强化了佤族人民的民族意识和文化认同感，而且对保持民族传统文化多样性、促进民族文化发展具有深远的影响。（见图9-3）

---

[1] 周本贞.中国少数民族大词典·佤族卷[M].昆明：云南民族出版社，2014.

图 9-3　佤族木鼓舞的生活取材

该舞种通常与甩发舞结合，受众范围较广。主要缘于其氛围热烈，参与者男女不限，较受年轻一代认可。但木鼓舞的敲打者往往局限于男性，女性仅为舞蹈参与者。随着时代的变迁，佤族妇女在佤族传统舞蹈的传承上也呈现出了断层分化的现象。通过走访调查，调查组对佤族妇女擅长的舞蹈种类进行了如表9-1的划分：

表9-1　佤族妇女擅长的舞蹈类型划分

舞种	数量（人）	比例（%）
圆圈舞	135	100.00%
甩发舞	99	73.33%
木鼓舞	35	25.92%
其他舞种	0	0

由上表可见，大部分佤族妇女擅长佤族的传统舞蹈。调查表明，135名佤族妇女擅长圆圈舞，占总人数比例的100.00%；99名佤族妇女擅长

甩发舞，占总人数比例的73.33%；35名佤族妇女擅长木鼓舞，占总人数比例的25.92%。总体而言，相比于其他舞种，圆圈舞动作简单、受众广泛，得到了佤族妇女的一致认同。除了特殊节日，佤族妇女在休闲的过程中也常跳圆圈舞，常态化使圆圈舞在佤族妇女群体中得到了广泛的认可和传承。

第二节 传统节日与仪式

佤族的特色传统节日颇多，如卧节[①]、便克节[②]、播种节[③]、"摸你黑"狂欢节、新水节、新米节等。这些传统节日体现了佤族人民对自然的尊重、对祖先的崇尚及对丰收的祈愿，是佤族非物质文化遗产的重要组成部分，对维护、传承民族文化起到了至关重要的作用。颇具特色、其乐无穷的传统节日有"摸你黑"狂欢节和新米节，规模较大的传统仪式有祭祀古树。

一、"摸你黑"狂欢节

对沧源的佤族人民来说最为隆重的节日——"摸你黑"狂欢节，也

[①] 即春节。腊月二十九，佤族村民通常在寨中舞场上竖一棵青松，装饰打歌场。腊月三十，各家、各户杀鸡、备酒，举寨同庆除夕。按照当地习俗，初一寨人不出寨，要守财，初二起，村民相互拜年，晚上到舞场围着青松载歌载舞，或举行各种体育活动等。

[②] 每年农历六月二十四当天，各家村民停止一天的劳作。清早，每家派女孩摘回一些小米穗，然后杀鸡、煮糯米饭，由老人献祝词。入夜，村民把点燃的火把竖在屋外，男女、老少欢聚舞场，举行各种竞技活动。该节日被视为祈福、消灾的日子。

[③] 具体日期不限，一般为各村寨的春播首日。当天，村民聚集于空地，由老人献祝词，通过男子掘地、妇女播种等象征性动作的演绎，表示春播开始。返寨后，全村人杀一头牛供祭祖先，祈求来年五谷丰登。

是当地佤族妇女喜爱的节日。县政府为对外打造佤族文化和旅游品牌，于2003年2月8日举办"中国沧源佤族'司岗里'狂欢节"，同年获县人大常委会批准，每年举办一次。第一届"司岗里"狂欢节于2004年举办，随后，狂欢节于每年的5月1日—4日在沧源举行。

"摸你黑"为佤语音译，意为"这儿是我们所追求的、我们所期待的，坚持下去吧！坚持到永久"[①]。"摸你黑"源于佤族民间用锅底灰、泥土等涂抹在脸上以祈福的习俗，如今演变为佤族人民把神奇草磨成药泥，互相涂抹在对方脸上，以表祝福。据说该神奇草具有美容、养颜、消暑、降温之神效。佤族人以黑为美，在他们看来，黑色是勤劳、健康的象征，因此涂抹黑色颜料能够消灾、祈福，带来丰收和吉祥。在长期的生活实践中，"摸你黑"逐渐演变为一种集体祝福的仪式，并且发展成为佤族人民的重要节日。

因为药泥的颜色为黑色，在"摸你黑"活动中，谁被抹得最黑，谁就最美。在佤族人看来，脸上被涂抹药泥的人还将顺心如意：抹在老人脸上，喻示着老人健康、长寿；抹在姑娘脸上，喻示着姑娘美丽如花；抹在小伙子脸上，喻示着小伙子英俊、健壮；抹在孩子脸上，喻示着孩子聪明、平安；抹在朋友脸上，喻示着朋友如意、吉祥。因此，谁的脸被抹得越黑，谁就越幸福。在狂欢节上，民众相聚摸你黑广场。佤族妇女欢天喜地、不受任何拘束地参与各种娱乐活动，欢笑声不绝于耳，将自身的豪爽个性展现得淋漓尽致。该活动不仅展现了佤族人民的热情奔放、团结友爱，还成为展示他们独特的民族文化的主题，增强了他们的民族自豪感和文化自信。歌曲《摸你黑狂欢曲》描绘了民族文化遇上现代艺术擦出的绚丽火花，展现出了沧源的开放和包容：

亲爱的人们都高兴，
今天是我们的狂欢日。

---

① 周本贞.中国少数民族大辞典·佤族卷[M].昆明：云南民族出版社，2014.

不会狂欢的为无趣人，
不狂欢者不快乐。
你们快快来哎，来狂欢，
在这个盛夏，我们相约佤山。
一起摸你黑，摸你摸你黑，
在这个盛夏，尽情地释放。
一起摸你黑，摸你摸你黑，
摸你黑，摸你黑，摸你黑，
摸你黑，摸你黑，摸你黑，
摸你黑，摸你黑，摸你黑，
摸你黑，摸你黑，摸你黑，
摸你黑，摸你摸你黑！
远古的传承，诉说着希望，
秘境的深处，是谁把爱点亮？
是古老的指引，是根源的感应。
你与我在这里相互辉映，相互辉映，
在这个盛夏，我们相约佤山。
一起摸你黑，摸你摸你黑，
在这个盛夏，尽情地释放。
一起摸你黑，摸你摸你黑，
摸你黑，摸你黑，摸你黑，
摸你黑，摸你黑，摸你黑，
摸你黑，摸你黑，摸你黑，
摸你黑，摸你黑，摸你黑！
我们是阿佤人，
自从这片大地有生命以来，
阿佤人民就生息、繁衍于此，
我们阿佤人用生命照亮佤山天地。

第九章 佤族妇女与娱乐

自从地球开骨朵，我们就是一窝鸟。
自从小牛哞哞叫，我们就像一捆草。
大家一起来加油，大家一起来加油！
不要落后，不要掉队！
赶紧唱，赶紧跳，
手牵手来用力踩，团结一心加油跳。
大地因歌而美丽，佤山因歌而富饶。
兄弟们来这里狂，姐妹们来这里跳，
一年就只这一次，我们使劲唱哎，使劲跳，
为摸你黑而来狂欢！
群鸟自飞莫花落，友人别离莫悲伤，
黑珍珠般的阿佤人，为摸你黑而狂欢。
在这个盛夏，我们相约佤山，
一起摸你黑，摸你摸你黑，
在这个盛夏，尽情地释放。
一起摸你黑，摸你摸你黑，
摸你黑，摸你黑，摸你黑，
摸你黑，摸你黑，摸你黑，
摸你黑，摸你黑，摸你黑，
摸你黑，摸你黑，摸你黑！

此外，狂欢节还安排了一系列丰富多彩的文化娱乐项目，主要包括祭牛魂仪式、摩竹取火表演、佤族传统技艺展示（织锦、歌舞等）、体育竞技活动（斗牛赛、陀螺赛等）、原生态舞台剧目等，吸引了大量游客前往体验并参与。狂欢节不仅是当地民族的传统节日，更是促进民族间交流、增进友谊的平台，为各地游客提供了接触、了解少数民族文化的宝贵机会，现已成为云南地区重要的文化旅游品牌之一。（见图9-4）

图9-4 "摸你黑"狂欢节上,佤族妇女进行激烈的拔河比赛

个案S,NL村,女,39岁,烤烟种植者,编号201919

"这个节日比过年隆重。不少外地游客,还有老外,都过来玩。游客得提前两个月订宾馆,价格比平时翻倍。很多外出打工的妇女也提前回来找工作,多在饭店、宾馆打工。"

二、新米节

佤族是个崇尚自然、尊重自然、感恩自然,相信万物有灵的山地民族。在新谷成熟的时候,佤族人的祖先举行各式的庆祝活动,祭"天神"、"地神"、"谷神"、祖先等,以此感谢大自然的丰厚馈赠,感谢"谷神"赐予人类粮食,由此产生了"新米节"。新米节,顾名思义是在稻谷初熟之际,村民喜庆丰收、品尝新米的纪念日。各地稻谷成熟的时间不同,新米节的具体时间也因地而异,但是通常集中在阴历的七八月。在择日上,除了考虑自家粮食的成熟程度,还可以优先选择祖父母或父母去世的纪念日,意为"把祖先的灵魂请回来,与我们共尝新米,分享我们丰收的喜悦",同时祈求祖先保佑子孙后代年年丰收。1991年,沧源佤族自治县和西盟佤族自治县联合决定,将每年的阴历八月十四定为佤族"新米节",以方便各地同胞前来同贺。

新米节也是当地佤族妇女期盼的节日。有这样一个古老的传说：很久以前，佤族村寨住着金子、银子、旱谷和小红米。因为抢夺地皮，金子和银子把旱谷和小红米都赶走了。眼看着村民无粮食可吃，祖先牙董发动村民找回旱谷和小红米，金子、银子落荒而逃。从那时起，旱谷和小红米在地里生根、发芽，养育了村民。后代村民为了纪念祖先和"谷魂"，每年稻谷成熟时都要举行祭祀仪式，后来发展为新米节。节日期间，家家户户举行敬"谷神""天神""地神"及祖先的各种仪式，清扫村寨，让老年妇女品尝新米饭，等等。

图 9-5 佤族妇女头顶新米赶赴仪式现场

在传统佤族社会，新米节并非表现为集体庆贺的形式，而是独家、独户进行。当天一大早，主人准备好美食，然后急忙到田地里收割稻谷，接着将其中一把谷穗挂在门上，喻示"将请'谷魂'进家门"。对此，当地有一首传统民歌《"谷魂"归来》：

"腊姐"果熟了，田里的谷穗金黄飘香。
为了来年风调雨顺、五谷丰登，
我们齐心取"谷魂"，祈求幸福生活永不断。

接着，女主人把稻谷搓成米粒，把铁锅擦洗干净，并用小火烘干，再将米粒放入煮，待米饭煮熟后，连同多盘菜放到神龛处，摆放整齐。然后便开始举行祭祀仪式，大家不断祷告，大致意思为"请'谷神'保佑我们来年喜获丰收"。祭祀完"谷神"后，还要举祭祖仪式。仪式结束后，家里的老人坐在主位，全家人围着火塘，女主人将米饭均匀地分到每个人的木碗里，大家开始共同品尝新米。关于吃新米，有首传统的佤族歌曲，叫《守谷调》，歌词大意如下：

鸟儿，鸟儿，不要吃我的谷子。
我的田地有老鹰守着，
你们赶快跑，跑到大森林的树上。

吃完米饭后，主人把自家过节的消息告诉邻里，并崇敬地为全寨各家各送上一团米饭，喻示"与他人共享'谷神'带来的好运气"。

在现代佤族社会，新米节不再独家、独户进行，代之以集体庆贺的形式，成为全寨村民共同的节日。在新米节活动日程中，村民要举行迎"谷神"、祭"谷神"、打新谷、拉木桥等民俗文化活动。可以说，新米节是佤族农耕文化的缩影。

第九章　佤族妇女与娱乐 ◀◀◀

图 9-6　佤族妇女在新米节现场与游人互动

拉木桥是新米节期间一项非常隆重的活动。在拉木桥现场，当地群众身着节日盛装，载歌载舞，拉着木材行进，架设起有着幸福和吉祥寓意的木桥。相传很久以前，在丰收的季节，为了确保收获的粮食颗粒归仓，佤族人民要把运送新谷的道路和桥涵修好，以确保畅通、安全。拉木桥活动体现了佤族人民顺应自然、适应生活环境的生存之道，以及热爱劳动、热爱生活的天性。

经过众人齐心拉木桥、架新桥，开镰割新稻、迎新谷，就到了稻谷归仓、品尝新米等分享丰收的时刻。在稻谷归仓前，要经过脱粒、清理、晾晒等阶段。在新米节活动中，佤族人民还原了传统的"打谷子、扬谷子"工序。其中，舂新米是活动中的重要一环。被脱粒的稻谷要经过晾晒，在成为大米之前，还要经过脱壳这一程序。"舂"是佤族传统的稻谷脱壳方式，只见现场的人们你一下，我一下，交替舂捣，谷壳逐渐与大米分离，被筛选出来的就是新米。

晚上，村民举行隆重的篝火晚会，鸣礼炮，放烟花，吹笙箫，敲木鼓，跳甩发舞，进行各种各样的狂欢活动，热闹非凡。村民通宵达旦，庆祝丰收，祈求来年风调雨顺、五谷丰登，不仅自身沉浸在庆祝丰收的喜悦之中，也给现场的各族人民带来丰富的娱乐和文化体验。

个案S，NL村，女，39岁，烤烟种植者，编号201919

"这里新米节最出名的就数糯良村了，离县城大概28公里。这个村原来是个贫困村，村民主要靠玉米、旱谷为生。（当地的）传统文化保留得不错，佤族妇女传统针织服饰、鸡肉烂饭、自酿酒水、篝火晚会等都原汁原味。所以政府加大投资，近年来把那里打造成一个旅游景点，新米节就会吸引很多人去参加活动，村民在饮食、住宿、交通、服饰等方面都收入不少。"

可见，作为一个传统节日，新米节对佤族人民的影响较大，且对佤族社会具有深刻的意义。其一，体现了阿佤人敬畏自然的天性，以及与自然和谐共处的意愿。新米节始终贯串着佤族人对"谷神"的敬意，他们辛勤耕耘，祈祷丰收。其二，体现了佤族人民的特色风情，以及传承、弘扬传统文化的意愿。如今的新米节实现了由独自庆祝到集体庆祝的华丽转变，既保留了佤族人民敬畏自然的精神，又扩大了节日庆典的规模和影响力。其三，体现了佤族人民团结互动，从相对封闭的社会走向外面的世界的意愿。新米节不仅是佤族人民的节日，可以说也是佤族人民与本民族之外的世界各地的人们共同的节日。届时，各地友人远道而来，与村民共吃、共舞、共欢乐，展现出了新时代民族交往、交流、交融的新气象。（见图9-5、图9-6）

三、祭祀古树

佤族向来有动植物崇拜的习俗，做木鼓前祭祀古树是佤族一项古老而独特的民俗活动。佤族人民祭祀古树，一是为了表示对古树的崇敬，祈求古树保佑丰收及人畜兴旺，二是为了表示对古树的答谢和忏悔。

在佤族村寨周边，常常可以见到一些被村里人敬畏的古树，这些树木可能与村落的历史紧密相连，被认为可以保佑村民平安，为村民带来福祉。每逢重要的节日或者遇到重大事件时，村民们都将举行庄重的祭祀仪式，包括以献祭、祈祷、挂彩带、系红线等方式向古树表达敬意，希望得到古树的庇佑。

这种在当地村民眼里神圣的祭祀活动，如今已被佤族村民巧妙地融入当地的旅游业中。在原始部落翁丁村，村民每天上演一场祭树活动，以供游客观赏，体会佤族村寨的习俗和村民的豪爽。当然，佤族妇女也并没有被排除在活动之外，她们是该祭祀活动重要的参与者，积极为对外界宣传佤族传统文化贡献自己的一份力量。佤族妇女的身影灵活地穿梭于仪式的全过程，台前、台后均离不开她们。佤族妇女喜欢歌舞，传统节日便是她们展示自我的极好机会，因此，她们对此极为重视。在大型节日即将到来之时，佤族妇女往往提前半个月甚至一个月筹备活动道具，如定制服装、排练歌舞、购买饰品及化妆品、酿制美食、邀请外地的亲朋好友等，在紧张、忙碌的筹备中迎接节日的到来。（见图10-7）

图10-7　祭树活动表演现场村民拉树返村

个案H，BK村，女，46岁，村妇联主任，编号201908

"我们（村委会）很愿意组织村民搞活动，虽然累，但是很热闹。去年有晚会是因为有政府支撑；今年估计没有申请，村里就没有筹备资金。另外，很多年轻人没有回来过节，都留在城里了，参与舞蹈排练的都是中老年人，年轻的姑娘实在太少。"

可见，随着人口外流的普遍化，当地的传统节日亦面临参与人数不足的尴尬。BK村于2021年春节组织了4个屯联合参演的大型歌舞晚会，还举行了篮球赛、拔河比赛等，前提是有政府的大力支持和赞助，以及村委会、妇联主任的提前宣传和动员。2019年春节，各屯村民仅自发组织了跳圆圈舞，但参与者不多，每场15—20人。

第十章 佤族妇女与饮食

沧源的饮食总给人一种出其不意的视觉和味觉体验，无论是调料的配合还是烹饪方式，沧源人总能掌握其中的味道密码，用酸、甜、苦、辣调出佤山独有的风味。炎炎夏日，吃一桌"佤味"，清爽而开胃。在佤族的饮食中，主食为大米，缺米时用玉米、小米、荞麦等杂粮掺之或代之。佤族人民的一日三餐一般表现为一"饭"、一"菜"、一"抓"。"饭"指的就是米饭，以炊具箩盆（箪）盛之，置于就餐者中间，就餐者用手抓着吃。"菜"指的是不带汤的菜食（buan），包括肉和蔬菜，吃的时候按人分配。汤一人一碗或两人一碗，用碗喝，不用勺子。"抓（jua）"指的是刺激性较强的"捣菜"，主要原料分别为辣椒、姜、野胡椒、芝麻、大蒜等，与盐巴一起在舂臼里被捣碎，吃时用手指点蘸。这种菜在佤族方言里有叫"注（jux）"的，有叫"抓（jua）"或"链（lied）"的。很多时候，主要的菜为一锅汤，在汤里煮肉，肉熟之后将之捞出并分割成块，分与就餐者。佤族村寨有分食的习俗。在日常用餐时，家庭主妇通常将食物分给在座的每一个人；如不够吃，亦由主妇帮忙增添。但在举行重大祭祀活动或喜事、丧事时，分食者并非家庭主妇，而是家族中年长的男子或被安排的专人。

为了解佤族妇女的个人状况对"在技艺传承中制作传统饮食"的影响情况，调查组构造了如下的实证回归模型：

$$Y_1 = C_1 + \beta_1 age + \beta_2 educational + \beta_3 profession + \beta_4 marriage + \beta_5 working + \varepsilon_1$$

其中，Y_1为"在技艺传承中制作传统饮食"项，C_i为常数，β_i为各个自变量的偏回归系数，*age*、*educational*、*profession*、*marriage*、*working*分别为受访佤族妇女的年龄、学历、职业、婚姻状况和打工经历基本信息，ε_1为随机扰动项。

将佤族妇女的个人状况设为自变量，将"在技艺传承中制作传统饮食"项设为因变量，考察受访者的个人状况对之产生的不同影响。从总体来看，模型的R^2为0.662，表明模型拟合优度好。模型的P值为0，表明可以对模型进行分析。

表10-1 佤族妇女制作传统饮食的实证分析

自变量	因变量 模型1 （制作传统饮食）
（常量）	5.764*** （0.394）
年龄	0.033 （0.057）
学历	−0.065 （0.079）
职业	−0.031** （0.015）
婚姻状况	−0.866*** （0.155）
打工经历	−0.722*** （0.108）
F	20.079
R^2	0.662
P	0

注：***表示在1%以下显著，**表示在5%以下显著，*表示在10%以下显著。括号里为标准误差。

从职业情况看，受访者的职业对"在技艺传承中制作传统饮食"有显著负向影响，影响系数为 –0.031（P＜0.01）。表明与非务农的佤族妇女相比，务农的佤族妇女更擅长制作传统饮食。

从婚姻状况看，受访者的婚姻状况对"在技艺传承中制作传统饮食"有显著负向影响，影响系数为 –0.866（P＜0.01）。表明与未婚佤族妇女相比，已婚佤族妇女更擅长制作传统饮食。

从打工经历看，受访者的打工经历对"在技艺传承中制作传统饮食"有显著负向影响，影响系数为 –0.722（P＜0.01）。表明与有打工经历的佤族妇女相比，无打工经历的佤族妇女更擅长制作传统饮食。

综上，佤族妇女在日常生活中面临的"在技艺传承中制作传统饮食"问题受制于自身状况，尤其是职业、婚姻状况和打工经历。具体而言，务农、已婚、无外出打工经历的佤族妇女对传统佤族社会的技艺传承相对重视，且有较多的时间和机会参与其中，因此更擅长制作传统饮食。（见表10–1）

第一节 烂饭

佤族人民喜欢吃烂饭，佤族妇女是下厨的主力。烂饭的软硬程度介于米饭和稀饭。做法是将大米分别与其他原料混煮，"其他原料"为蔬菜和肉类，蔬菜一般包括青菜、南瓜、洋芋、芋头、各种野菜等，肉类为猪肉、鸡肉、牛肉、鱼肉等。

鸡肉烂饭是佤族的一种传统食品，亦是佤族饮食文化中最具民族特色的传统佳肴，通常在逢年过节、举办喜事和丧事、招待贵宾的时候才做。NL村的佤族村民常以鸡肉烂饭招待客人。制作佤族鸡肉烂饭时常挑选普通的土鸡，忌用白羽毛鸡，因为佤族人民认为用白羽毛鸡表示对客人不尊重。当地村民对"鸡肉烂饭"的称呼主要有两种，一种是"手撕鸡肉

烂饭",另一种是"刀砍鸡肉烂饭"。二者味道类同,但"手撕鸡肉烂饭"更为讲究。做法大体如下:

提前用冷水将大米浸泡约两个小时。挑选一只肉嫩的母鸡,宰杀后处理干净。用五加皮菜叶将鸡杂包起后放回鸡腹内;缝合后,把整只鸡放入盛着山泉水的铜锅中,冷水下锅;水开后撇去浮沫,煮至鸡肉能被筷子轻松插透且不冒血水。在煮鸡肉的过程中准备好香料,将小米椒、大蒜、茴香、大芫、荽香等切碎,下姜、草果、八角,加入盐和鸡精后转小火炖30分钟左右,炖至七分熟后捞出,放凉。然后把洗好的新米倒入鸡肉汤里煮,以大火煮开后转小火慢熬。待米快煮干时,将锅端下来放在炭火上,把熟了的鸡肉撕成丝,撒在饭面上拌匀,将鸡头插在饭面的中央,再盖上锅盖焖15分钟即可。最后将花椒面、食盐、辣椒面搅拌均匀,倒在烂饭中调匀,即可上席。

图 10-1 鸡肉烂饭的标配

另一种刀砍鸡肉烂饭的制作过程更为简易:先把鸡肉砍成小块,再放入锅中煮熟,最后放入洗净的大米,煮至浓稠度适当时端下饭锅,再将准备好的佐料拌入即可。在吃鸡肉烂饭之前,在场的最年长的人要先把鸡头拿走,因为佤族人民认为给老人吃鸡头和鸡杂意为对他们的敬仰。若贵宾或者朋友到场，必最先被分到鸡肉烂饭，表现出主人对他们的尊重。吃鸡肉烂饭时，无论烂饭数量多少，女主人都会将它平分给在场的每一个人，以示平等相待。（见图10-1、图10-2）

图10-2　佤族妇女的拿手厨艺——鸡肉烂饭

除了鸡肉烂饭，佤族人民还喜欢吃牛肉烂饭。牛肉烂饭，佤语称"布安纳亚"，是佤族迎宾和待客的美味佳肴。它既可以当饭，又可以当菜，在广大佤族民众中盛行不衰。据说在狩猎时代，有时候猎物太小，不好分配，佤族妇女便在被处理好的猎物中掺以粮食，煮成烂饭，这样能确保每个人都有份儿，分配对每个人来说都公平，这种均分食物的方法在佤族社会一直延续至今。牛肉与野生佐料搭配，能够制作出烂而不稀、味道香浓的牛肉烂饭。具体做法是事先把芫荽、蒜叶、香料、香菜等洗净、切细备用，再在石臼中放入花椒、干辣椒、大蒜、小米椒，将之舂细后盛出。佤族妇女一般选用本地的土牛肉，以确保肉质更香、更地道。她们把新鲜的牛肉、粉肠洗净，切成小块后放入锅中，再加入酸笋、盐、味精等调味品，以柴火煮。待牛肉被煮熟后，再加入大米，用勺子搅拌均匀。在氤氲的烟火中，牛肉的香味逐渐渗入米饭中。在出锅前，将已准备好的佐料和酱油放入并搅拌均匀，进行调味，烂饭的每一粒米都渗透着香料的味道，这种融合使米饭的口感更加丰富，层次更加分明，香料的独特味道在口中久久不散。

第二节 水酒

佤族地区有"无酒不成礼，说话不算数"的说法，民间盛行烧酒（blai hre）。烧酒不是佤族自己的传统酒，很早以前从其他民族地区引进，天长日久，佤族人民学会了自己酿造，至今民间普遍饮用。但喝烧酒者多为成年男子，喜好烧酒的佤族妇女并不多见，她们更偏爱水酒。水酒是佤族民间一种传统的有散热、解渴、驱乏之功效的清凉饮料，也是早期中原文化同边疆少数民族文化结合的历史产物。佤族水酒以其生产工艺独特、饮用过程方便而有趣著称。相传，早在大约1800年前，诸葛亮率兵南征，带来了中原酿造黄酒的技术。但是云南地区气候炎热，雨量较多，完全按照传统的黄酒生产工艺来酿酒并不现实。于是人们结合这里的特点，逐步研制出了适应当地自然条件和口味的新酒种——水酒。佤族男女、老少都喜爱水酒，它也是佤族人民用于待客的主要饮料，他们亲手制作水酒，作为欢迎亲友和宾客的佳礼。与烧酒不同，水酒的浓烈程度不高，香醇可口。水酒在佤族方言里叫"不来扩"（blai kox），"不来"是酒的意思，"扩"是小红米的意思，有"小红米酒"之意，因其主要原料为小红米而得名。每年收获小红米后，新一轮的佤族水酒制作就开始了。制作过程与一般的酿酒大同小异。先将原料小红米炒黄至发出香味，再在其上洒少量清水，进行搅拌。将原料捣碎并蒸热，晾一个小时左右，至凉透，再将之倒入簸箕或竹编容器内，加入酒药发酵后晾干，放置在火塘边或其他温暖处，等待三四天的时间，就会散发出香甜的气味。这时将之放入备好的酒坛，放置在酒缸中密封存放。充分发酵一般需要最少三个月，储存的时间越久，水酒就越香醇。当需要用水酒时，将晾干储存的原料按需取出，装入竹筒，以山泉水浸泡。泡上半个小时左右，其中就会有酒味散出。发酵后的原料中的酵母菌遇水被激活，经浸泡，酒就从谷物里流出来，这时可以竹管插入吸吮；吸至将尽，再加水搅拌。如觉味道偏淡，可加入适量的原料，直至觉得味道合适。水酒呈乳白色，酒精度通常在20度以下，清凉、酸甜、解渴、助消化。水酒中含有大量的维生素，具有健脾、健胃、舒筋、活血、提神、补气、解暑的特效。（见图10-3）

图10-3　佤族水酒

在佤族方言里，水酒也叫"不来浓"（blai n mū）。"浓"是年的意思，"不来浓"有"年酒"之意，又有"大酒""酒王"之意。佤族人民崇尚酒，认为酒是最高尚、最圣洁的物品。关于"不来浓"，佤族还有一个民间传说：有一位佤族大嫂去挖地，用芭蕉叶包了一包米饭当午饭，她顺手把这包饭挂在地边的树上，就开始挖了，挖来挖去，就把这包饭忘记了。过了几天，她来到地里，看见两只小麻雀在树底下摇摇摆摆的，不飞走，她一把就把它们捉了起来。后来这两只鸟干脆就躺着睡到天黑，才张开翅膀扑棱扑棱地飞走了。佤族大嫂感到很奇怪，在树下找来找去，最后找到了那包饭，一看，小麻雀已经把芭蕉叶啄开，吃了过期的米饭。这过期米饭闻着酸酸甜甜的，她尝了一口：哇，这味道真是太奇妙了！回家后，佤族大嫂特意做了很多过期的米饭，甜甜的水酒就这样被变出来了。秋收后，当地家家户户酿制水酒之风甚盛，相互祝贺粮食丰收。在庆典、祭祀、婚丧嫁娶、盖房、开会、串门、交友等活动中，水酒必不可少，饮水酒自然成为佤族妇女日常生活中的主要嗜好之一。当家里有亲友、客人来访时，女主人热情待客，边唱敬酒歌边敬酒。敬酒时主人用双手捧着竹酒筒，走到客人面前时躬身把酒筒在自己的胸前按下，再向上举到客人嘴边。如此一一敬酒，直至敬完所有在场的人，漏敬一个，都会被认为不合佤寨礼数。客人要用右手去接酒杯，用手心托住酒杯，方可饮用。但对饮酒的佤族女性，佤族男性往往抱以不同的态度，详况如表10-2所示：

表10-2 佤族男性对佤族妇女饮酒的态度分析

观点态度	人数	比例（%）
非常赞同	0	0
比较赞同	23	17.04%
比较反对	29	21.48%
非常反对	83	61.48%
合计	135	100.00%

由上表可见，大部分佤族男性对佤族妇女的饮酒习惯并不认同。问卷调查发现，135名佤族妇女中，有83名佤族妇女的丈夫对她们喝酒表示"非常反对"，占总人数比例的61.48%；29名佤族妇女的丈夫对她们喝酒表示"比较反对"，占总人数比例的21.48%；23名佤族妇女的丈夫对她们喝酒表示"比较赞同"，占总人数比例的17.04%；没有佤族妇女的丈夫对她们喝酒表示"非常赞同"。总体而言，佤族男性对佤族妇女饮酒的习惯持反对态度的人数比例高达82.96%，远远超过半数。主要出于两个原因：一是认为"女性应更宜室、宜家"，喝酒是男性的独有爱好；二是认为"女性过度饮酒有失家风"。

第三节 "佤王宴"

"佤王宴"原指旧时佤王用以接待部落首领、英雄、贵宾的最高礼节盛宴，一般人无法享用得到，故亦称"至尊佤王宴"。如今，旅游业使当地的佤王宴盛行。佤王宴使佤族妇女大展厨艺；且客人边品尝美味，边享受佤族妇女吟唱的歌，边畅饮佤族水酒，甚是惬意。按旧时风俗，佤族村民接待贵宾时，女人是不能与男客人同桌共餐的，她们在客人面前经过时还要弯腰，以表尊重；现今的佤王宴已经不再遵循该风俗。

图10-4 佤族的凉拌野菜

佤王宴庄重、丰盛又不失节俭。佤王宴具有"鲜""香""绿"三大特色。"鲜"指的是菜品很新鲜，都是从本地的食材中精心挑选而来，蔬菜、野菜主要通过生拌或者焯水凉拌制作而成。"香"指的是菜品油且不腻，味道酸、辣、苦、麻适中，保留了食材原本的清香。"绿"指的是菜品主要由蔬菜、野菜、野笋、昆虫等绿颜色的食材制成。菜肴搭配也符合

健康、养生的理念，比如佤王宴中有苦菜汤等去火的菜肴，巧妙地搭配了大量的烤制食物。（见图10-4）

佤王宴的举办体现了佤族人民热情、好客的传统美德。举办佤王宴的前一天，佤族男人要着手准备餐具。经过简单的加工，竹子就变成了一个个自带香味的食器。佤王宴以木板拼凑为桌，一桌通常长达数十米，可同时容纳上百人共餐。在通常情况下，每四个座位为一个共餐单元，每个共餐单元的食物相同。每个共餐单元的中间摆放肉食和主食，四周摆放其他菜肴，碗、筷被放在靠近用餐者的位置。带汤的食物被放在芭蕉叶上；不带汤的食物以木盘或者竹盘盛放，但盘内也需要放置芭蕉叶。

佤王宴由牛大排（每根长15—30厘米），牛毛肚，猪大排（每根长15—20厘米），烤乳猪，蒸鱼，凉拌野菜，煮青菜、白菜、洋瓜、土豆等杂菜，小黄伞煮小豆汤等各种特色菜组成，并配以将辣椒、生姜、大蒜、苍桑籽和食盐捣碎而拌成的佐料。主食有米饭和鸡肉烂饭，饮料主要有白酒和水酒两种。

佤王宴的烹调方法主要有煮、烤、蒸、拌。如将选好的上好的牛排、牛肚、猪排、鸡块加水放入锅中，并辅以生姜、苹果、食盐等佐料煮熟，即可上桌。花椒叶是烹饪牛肉的过程中必不可少的佐料，花椒叶味道甜、香且不麻，适当添加不仅能去除牛肉本身的腥味，还为菜肴增添了不少甜香味。烤乳猪是沧源有名的菜肴，选用80斤以下的乳猪，宰杀后去除内脏，用食盐、生姜、大蒜、五香粉、料酒腌制四五个小时后，在文火上反复翻烤至皮脆、内熟即可。烤乳猪皮色金黄，口感香酥；肉嫩骨脆，肥而不腻。烤鸡以山鸡作为食材，以炭火煨烧烹制而成，肉质细腻，香味浓郁。烤鱼的做法是将洗净的鱼裹以气味芳香的香茅草，置于火上烧烤，然后抹上适量的猪油，香味浓郁，味道鲜美。蒸鱼时常选用一条一斤左右的鱼，先剖开并去除内脏，洗干净后放上已经配好的佐料并抓拌入味，再放到锅里蒸，直到鱼刺和鱼骨酥软，便可出锅摆盘。苦叶子煮小豆是佤王宴上的一道特色菜，用"三九胃泰"药品的主要成分"小黄伞"作为主要配料，具有清热解毒、健胃消食等食疗功效。佤王宴上的各道特色菜色香、味美，油而不腻，荤素、生熟、营养搭配合理，有强身健体之功效，体现了我国饮食文化中"医食同源"的道理。

因为佤王宴的很多食物需要以手直接抓食，组织者需准备清水，供客人在进餐前洗手，洗手顺序为先客后主。佤王宴开始时，先举行祈祷仪式，向祖先和天地表达谢意。仪式完毕后，主人将鸡头分给贵宾，佤王宴才正式开始。祭师首先给主宾敬上三杯酒，众人便开始用餐。主人和宾客要相互敬酒，先由主人敬客人，接着由客人回敬主人。"歌声不停，酒不断"是佤王宴的另一大特色。吃到高潮时，人们开始打起鼓，弹着吉他唱歌，歌词大意为"大家一起来，让我们一起手拉手，唱起歌，跳起舞，欢迎我们尊贵的朋友们。大家在平地上围在一起，手拉手唱歌、跳舞，欢迎我们尊贵的朋友们。大家在平地上围在一起，手拉手唱歌、跳舞……"。佤王宴充分展示了佤族人民在饮食方面体现出来的天人合一、顺应自然的人生哲学，祈求吉祥、幸福的心理，长幼、尊卑有序的礼仪规范，以及大义凛然的人格和气节。仪式结束后，佤族姑娘便依次恭敬地劝酒，酒歌响亮而悠扬，饱含热情，让客人心情愉悦。

通常，一桌佤王宴的价格为2000—3000元，根据具体的食材情况、桌长、酒量等确定。平均每位游客花费80—100元，该价位普遍能为游客所接受。

至今，佤王宴已有3000多年的历史，其价值内涵远远超出了饮食本身，展现了佤族的历史，以及佤族人民的道德和理想，是佤族人民传承本民族文化特有的方式之一。2022年，佤王宴的传统饮食习俗及制作技艺入选云南省第五批非物质文化遗产保护项目。随着文旅产业的不断深入发展，佤王宴不仅有利于增强社区凝聚力和族群认同感，还有利于促进族际的交往、交流、交融。（见图10-5）

图 10-5　佤王宴

个案 S，NL 村，女，39 岁，烤烟种植者，编号 201919

"佤王宴需要配备的食材很多，做工复杂，人员多，因此通常得提前两三天准备。我们这边的妇女都比较擅长，常有远方的客人专门进村品尝我们的手艺。现在隔壁村发展起旅游业，我们村也有妇女过去帮忙，收拾碗筷、洗菜、炒菜、敬酒、唱歌等，分工不太一样。旅游高峰期时都忙不过来，每个人月收入 3000 元左右，还包吃。"

可见，佤族妇女在当地的饮食文化中扮演着重要的角色。除宰杀猪、牛等动物的任务需要男性承担，其余的大部分工作均由妇女独立承担。她们做事麻利、细心，招待客人热情、周到，熟知本民族文化，因此得到了游客的普遍认可。随着乡村振兴、扶贫攻坚等国家、地方政策的实施和推广，佤族妇女的收入水平明显提高，在向外界展示民族特色文化的同时，她们自己的民族自信心和自豪感也大大增强。

第四节 其他

一、米线

佤族妇女喜做米线。佤族人的早餐往往是从一碗米线开始的，如果没有这一碗米线，他们会觉得一天是不完整的。米线风味众多，有稀豆粉米线、鸡肉米线、卤肉米线、肠旺米线、佤味米线、脆皮猪脚米线等。米线是将优质大米以天然山泉水浸泡，然后通过磨浆、过滤、蒸、榨、煮、清漂等工序精制而成的，呈白色、长条状，截面为圆形，很有韧性。将之放到开水里煮几分钟后捞出，放到已经煮好的肉汤中，再依据个人口味加入葱花、酱油、盐、味精、油辣、肉酱等，即可食用，趁热吃口感更好。

当地的豆汤米线最为出名，也就是稀豆粉米线。将优质的豌豆脱壳并磨成面粉，再配上各种香料，经过炒香、研磨、取粉等几道工序，才能得到一份香气四溢的豆汤面粉，并加鸡汤煮成；然后将雪白的米线倒入翻滚的金黄的豆汤中，倒入碗里，加上酸菜、豌豆尖、葱、盐、辣椒、椿果、姜、蒜等配料，一碗香喷喷的佤族豆汤米线就做成了。豆汤米线营养价值高，富含碳水化合物、维生素、矿物质等，同时具有耐煮而不烂、滑嫩而爽口、易于消化的特点。

鸡肉米线用料讲究。选取本地的优质乌骨土鸡，以 2—2.5 千克为宜，用文火慢慢煮，不放过多的调料，以保证汤和肉原汁原味，煮好的鸡汤不宜加水；再将冒着热气的鸡肉剁成蚕豆大小的碎块，鸡头、鸡翅、鸡腿、鸡胗等可单卖，凭食者爱好。鸡肉米线最大的亮点在于鸡，煮出来的鸡肉紧致而有嚼劲儿，鸡皮入口即化、香气十足。鸡肉米线的配料繁多，有腌菜、酸莲花白、小米椒、油辣椒、芫荽、葱花、酱油、花椒等。云州鸡肉米线汤浓而鲜香，鸡肉鲜嫩而肥美，看上去不起眼，但吃起来不腻、不燥，爽滑而细腻，香浓可口。

卤肉米线是米线中最古老的一个品种。旺子猪血米线的主要工艺是在新鲜的猪血中放入适量的食盐至泡沫翻滚，再加入3倍清水，静置半小时，待猪血凝为半固体时用刀将之划成核桃大小的方块，用温水煮熟待用。食用时，以滚热的汤烫热米线，将之捞出入碗，加入新鲜的肉汤和猪血块，带上精心卤制的猪肉，然后加入辣椒油、花椒油、芫荽、葱、酱油、味精等佐料即成，香气四溢，口味鲜美，回味无穷。

ML村有4个屯，每个屯都设有一个米粉店，由农民自营。米粉店实质上是一个简陋的竹棚，每天从早晨7点到下午3点都有米粉供应。这里的米粉的口感与桂林米粉相似，5元一大碗，里面添加有肉末，被下足了辣椒油和胡椒粉，加以葱花、炸过的黄豆，味道独特，口感十足。在寒冷的冬季，边烤火取暖，边品尝美味的米粉，听着晒干的玉米芯燃烧时发出的"噼啪噼啪"的响声，很是过瘾。（见图10-6）

图10-6 简易的粉店，好吃的米粉

二、粑粑

佤族妇女同样擅长做粑粑。粑粑又叫"糯米糍""状元糍"。相传南宋庆元二年，邑人邹应龙进京参加科举考试，全村人为他准备了糍粑，让他在路上吃，并祝愿他考取功名。赶考途中，邹应龙渴了就喝几口清泉，饿了就啃几口糍粑，长途跋涉到了京城。由于邹应龙才华出众，在殿试上对答如流，宁宗皇帝御笔亲点他状元及第。当他把从家乡带来的糍粑呈献给皇帝品尝时，皇帝赞不绝口，对之赐名"状元糍"。粑粑是佤族人民过年时必备的主食，他们通常在除夕舂粑粑，每家都要做一对大而圆的粑粑，以象征太阳和月亮，还要做很多小粑粑，象征星星。做法看似简单，但讲究手工力度。先将黑芝麻捣碎，将糯米蒸熟，再将两者混合，放入捣碎器（木窝）；然后用棒槌使劲儿翻舂，待糯米被舂成胶泥状后将之取出，并用手压成手掌大小的圆饼，平铺在竹筛上。可趁热吃，也可冷却后用油煎着吃。

　　豆豉粑粑也是当地美食中的一绝。选用佤族地区的高山黄豆，黑豆也可。将洗好的豆子加水煮，以水刚没过豆子为好，可以边煮边加水，时间依豆子的多少而定，总之要煮到可以用手捏豆子时。煮的时候要用柴火，使豆子中的营养不被破坏。对于豆子能否被轻易地捏碎成泥，有经验的人可以通过豆子的颜色进行辨别。将煮好的豆子漏掉水分后晾凉，再将冷却的豆子放入干净的布袋中并扎紧袋口，放入提篮或其他透气的容器中，用毛巾或布包实，进入发酵阶段，一般为三四天。发酵好的豆子是热的，上面的一层豆子是白色的，要用筷子翻动。在豆子发酵期间，将生姜洗净并晾干。将生姜切丝，最好舂成姜泥。取出发酵好的豆子，放入适当的盐、辣椒面、姜泥、蒜、花椒面等，搅拌均匀，放在芭蕉叶上晾晒，边晒边捏，捏成一个个小粑粑。最后将晒干的小粑粑放在炭火上烘烤。（见图10-7）

图 10-7 美味粑粑

三、辣椒

佤族妇女爱吃辣椒，这与佤族人民长期居住在山地环境中有关。生活在潮湿而闷热的环境中，吃辣可以开胃、驱寒，提高免疫力。以前，佤族人出门打猎时都会在包里装些盐巴和辣椒，饿了就用野菜蘸着吃。对当地人来说，无辣不成菜，在凉拌的折耳根、野菜中加入足够的猪油、盐巴、辣椒面和胡椒粉，别有一番风味。

糟辣椒是佤族妇女必做的食品之一，在当地，几乎家家都有一坛自制的糟辣椒。糟辣椒做法简单，在秋季辣椒成熟时，摘下新鲜辣椒，用清水洗净并晾干，剪去蒂，装进准备好的罐子里，放入生姜、花椒、大蒜和食盐。一个星期之后，看上去水灵灵、红艳艳，吃起来香辣、清脆的糟辣椒就做成了。糟辣椒通常被放在陶罐里腌制，吃的时候，将之取到碗中，放入酱油和味精。糟辣椒口味酸辣，能很好地增进食欲；很多时候，它也是炒菜时一种常用的配料。辣腌菜也是佤族妇女居家必备、长年食用的一道菜，因风味特殊而颇有声誉。每年腊月间，她们将肥壮的青菜整株割下来，于烈日下暴晒至完全凋萎，放在石板上充分揉搓，于清水中漂洗干净，再挂上铁丝晾至水分大部分失去而叶未焦脆；然后将之切为寸长小段，将叶柄剖为小条，加苤菜根，放上食盐、辣椒面、八角、茴香籽粉末、少许红糖，搅拌均匀后充分揉搓，再淋上米酒搓揉；最后装入罐中，压紧后密封，静置于阴凉处。腌菜在罐中发酵一两个月后，即可食用。辣腌菜色泽金黄，酸、辣、咸、甜诸味俱全，且气味芳香，让人很有食欲。若将辣腌菜切细，加少许酱油、芫荽、味精，吃起来别具风味。辣腌菜炒肉、辣腌菜煮洋芋是当地寻常的家常菜。

四、豆腐

佤族妇女喜食豆腐，吃豆腐也玩出了不少花样。当地较为常见的与豆腐相关的食品有豆腐乳、小炒豆腐、臭豆腐、豆腐脑、豆腐干、豆腐渣等。

豆腐乳的做法是将豆腐切成小方块，撒上盐腌制三天，在外面晒两天，在蒸笼内蒸熟后再晒一天；然后加入面酱和少许酒，放入密闭容器中晒，在其中加入小茴末也可。

小炒豆腐即将有肥有瘦的猪肉切成碎末，将豆腐捏碎，加入酱油同炒，起锅时要下葱花。这道菜便宜、实惠而又好吃。如果不加酱油而用盐，与番茄同炒，即为番茄炒豆腐。番茄须被烫过，撕去皮，炒至成酱，这样，番茄汁就会渗入豆腐，味道很好。

白豆腐是不同于霉豆腐和豆腐脑的一种豆腐。可以炒着吃，麻婆豆腐、番茄炒豆腐等都是最常见的家常吃法；还可以煮着吃或做汤，最常见的就是白菜豆腐汤。

臭豆腐闻着臭，吃着却奇香无比，对佤族人民来说是餐桌上重要的美味。臭豆腐的吃法有蒸、炒、烤、炸、煮等，臭豆腐煮鱼、臭豆腐米线也是佤族人民的常见吃法。

蒸霉豆腐即将霉豆腐装进碗，挑入一小块猪油，上笼蒸熟，撒上少许食盐、味精、油辣椒、葱花、芫荽，用筷子拌匀即可食用。

豆腐脑在四川被称为"豆花"，质软而嫩，难以用筷子衔起，需用汤勺舀起,吃时加糖或辣椒油,深受临沧人喜爱。

豆腐干在制作过程中常被添加食盐、茴香、花椒、大料、干姜等调料,是当地的家常菜。

豆腐渣也是临沧一道有名的下饭菜,它的吃法比较特殊:将豆腐渣拌以盐、花椒面、辣椒面、切细的蒜苗,捏成豆豉粑粑,在太阳下晒干,吃时放在火堆上烤成黄色。豆豉粑粑香、脆,极能激起人的食欲。

第十一章 佤族妇女的其他生活习惯

一些佤族妇女还有抽旱烟的独特习惯，这种现象在年龄偏大的佤族妇女群体中表现得较为明显。

旱烟是烟草的一种，表现为对烟草进行反复的晒干和回潮，最后切成丝，放到烟杆或烟枪中吸食。旱烟历史悠久，相传三国时期，诸葛亮于公元225年率军南征，途中士兵受瘴气热毒感染。当地百姓送给诸葛亮和他的军队"九叶芸香草"，教士兵燃烧后吸其烟，结果驱除了瘴气，重振了威风。这里的"九叶芸香草"即为旱烟的雏形。

每逢节假日、结婚、生日、葬礼及拜访时，很多佤族人会将烟草作为礼物互相赠送。在传统的佤族社会，很多佤族妇女抽旱烟。关于佤族妇女抽旱烟的历史，还有一个传说：很久以前，一对佤族姊妹到山里干活儿。太阳快下山时，妹妹觉得很累，就坐在地边的一棵大树下休息，不一会儿就睡着了。天黑了，姐姐以为妹妹已经回家了，就独自离开了。回到家里才发现，妹妹并没有回家。她就万分火急地召集寨里的男人到山里找妹妹，并没有找得到，却在她休息过的地方发现了一滩鲜血，原来妹妹已经被野兽吃掉了，因为佤族人居住的山区常有野兽出没。在过去，佤族男人多从事打猎或捕鱼活动，采摘、割草、耕种等农活儿自然落到了妇女的身上。即便在户外干活儿很危险，但迫于生计，妇女也没有办法。特别危险的是，妇女因为劳累停下来休息时很容易被他人遗忘，进而被野兽吃掉。佤族人民深知烟雾可以传递信息，以便其他人知道自己的行踪，但随时、随地烧火又很不方便。为了在野外劳作时能够随时、随地放出烟雾，故事中丢失了妹妹的姐姐联想到男人们在干活儿中途休憩时会叼着烟，吐出烟雾，让离自己很远的人知道自己的行踪。于是，作为女性，她也将抽烟留迹的想法付诸行动。刚开始，村民误以为她是因为痛失妹妹受了刺激才抽烟的；她拼命解释自己的初衷，但很多人还是嘲笑她。没过多久，妇女遭野兽袭击的事件接二连三地发生，大家才想起了姐姐的提议，讨论后也没发现哪种办法比这个更合适。从那以后，佤族妇女开始抽烟。通过这个传说可知，佤族人民，尤其是佤族妇女抽旱烟是迫于无奈，是恶劣的外部环境造成的。

随着社会的发展，抽旱烟逐渐成为很多佤族人日常生活中的独特习惯。他们认为烟叶燃烧时产生的气味可以防止蚊虫叮咬、蛇鼠攻击；旱烟也可以增进交往，促进当地的商贸往来，在旧社会甚至还是青年男女确定恋爱关系和婚事的一种媒介。

个案Z，ML村，女，75岁，抽旱烟的佤族老人，编号202006

"旱烟是我们这里人际交往的互赠礼物，就像有的地方互相赠酒和鸡鸭一样，我们在节假日、结婚、满月、入新居、做寿、葬礼等场合，都习惯互赠旱烟。对我们来说，碰到好烟会感到很珍贵，说明对方重视自己、尊重自己，日后就得回馈更好的旱烟给对方，相互的来往就可以延续下去了。"

近年来，有过在外务工、读书、经商等经历的佤族妇女受外界环境影响，健康意识提高，生活方式和生活习惯也发生了改变，她们当中很多人已经不再喜欢抽烟。在她们看来，抽烟有害健康，且显得不很雅观。另外，她们的丈夫、公公、婆婆也普遍不喜欢她们抽烟。

个案N，ML村，女，42岁，女药师，编号201914

"我以前经常抽烟，旱烟、水烟都抽。生完两个孩子后，我老公就不让我抽了。他说男人抽烟多是为了应酬、交往，女人根本没有必要参与。

第十一章 佤族妇女的其他生活习惯

再说，女人抽烟显得太随意。后来我就慢慢戒烟了。"

个案E1，ML村，女，23岁，医学影像专业学生，编号202011

"旱烟和水酒都展示了我们佤族的特色，但传承不一定非要去抽烟、喝酒，通过其他的方式也可以传承我们的特色。我是学医的，尤其知道吸烟危害健康，像香烟里面的尼古丁等成分就对人体有害；喝酒不仅不利于健康，还比较耽误工作，我们上班时要轮班工作，比较辛苦，要是喝酒了就不能专注于工作了。"

个案U，YH村，女，25岁，服务业工作者，编号202001

"我们村很多老人喜欢抽旱烟，烟草是自己种的。很多年轻人不爱抽，特别是读书人和在外谋生的人，他们觉得抽烟对身体不好，很可能患上疾病。我是不想抽烟的，在外面打工的时候，工友抽烟我都会远离，因为不想吸二手烟。"

调查发现，对于佤族妇女抽烟的习惯，佤族男性往往持有不同的态度，详况如图11-1所示：

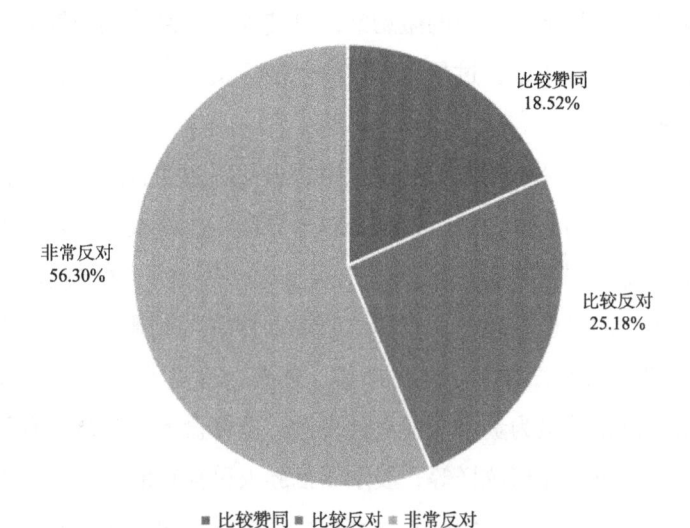

图11-1 佤族男性对佤族妇女抽旱烟的态度分析

（比较赞同 18.52%；比较反对 25.18%；非常反对 56.30%）

由上图可见，大部分佤族男性对佤族妇女抽旱烟的习惯并不认同。问卷调查发现，135名佤族妇女中，有76名佤族妇女的丈夫对她们抽旱烟表示"非常反对"，占总人数比例的56.30%；34名佤族妇女的丈夫对她们抽旱烟表示"比较反对"，占总人数比例的25.18%；25名佤族妇女的丈夫对她们抽旱烟表示"比较赞同"，占总人数比例的18.52%；没有佤族妇女的丈夫对她们抽旱烟表示"非常赞同"。总体而言，佤族男性对佤族妇女抽旱烟的习惯持反对态度的人数比例达81.47%，远远超过半数。主要出于两个原因：一是他们认为"抽旱烟有损女性的贤淑形象"；二是他们认为"女性不应该养成抽烟的习惯"。可见，男性反对她们抽烟成为部分佤族妇女戒烟的重要原因。另外，随着现代价值观念的植入，佤族妇女对旱烟文化有了新的认知和立场，普遍认可"吸烟有害健康"的理念，抽旱烟的佤族妇女的数量在逐渐减少。

部分年老的佤族妇女也有嚼槟榔的习惯。

在当地，槟榔是一种常见的中草药，可以治虫疾、食滞、水肿病等。在缺医少药的旧社会，很多佤族人通常靠嚼槟榔等土方法战胜病魔。槟榔中的槟榔碱是中枢神经系统的激动剂，可使人产生愉悦感和舒适感；但长期食用会成瘾。近年来，过量食用槟榔也被证实会导致口腔和消化系统疾病，甚至癌症。

旧社会时，在"串姑娘"的过程中，男女双方如有意，会互相赠予槟榔，以表达自己的爱慕之情。特别是对于男青年，将槟榔放入槟榔盒里作为定情物，喻示"期待爱情长久、对爱情忠贞不渝"。槟榔盒做工精细，能体现出主人的身份和地位。槟榔盒通常以竹编、木雕形式，或以银制作而成，外观呈圆形、方形、六角形等，还有大盒套小盒的"子母盒"形式。槟榔盒以银质最为贵重、最具代表性。槟榔盒上常常装饰有佤族特色的图案，如图腾、几何纹样等，展示了佤族人民独特的手工艺风格。姑娘临近出嫁时，也会与伙伴们一起挨家挨户送槟榔，向亲朋好友传达自己的婚讯。

为进一步了解佤族妇女的个人状况对"是否喜爱嚼槟榔"的影响情况，

调查组构造了如下的实证回归模型：

$Y_1 = C_1 + \beta_1 age + \beta_2 educational + \beta_3 profession + \beta_4 marriage + \beta_5 working + \varepsilon_1$

其中，Y_1为"喜爱嚼槟榔"项，C_i为常数，β_i为各个自变量的偏回归系数，age、educational、profession、marriage、working分别为受访佤族妇女的年龄、学历、职业、婚姻状况和打工经历基本信息，ε_1为随机扰动项。

将佤族妇女的个人状况设为自变量，将"喜爱嚼槟榔"项设为因变量。从总体来看，模型的R^2为0.586，表明模型拟合优度好。模型的P值为0，表明可以对模型进行分析。

表11-1　佤族妇女喜爱嚼槟榔的实证分析

自变量	因变量 模型1（嚼槟榔）
（常量）	0.506***（0.148）
年龄	0.064***（0.021）
学历	-0.068***（0.026）
职业	-0.026***（0.005）
婚姻状况	0.153**（0.058）
打工经历	-0.242***（0.040）
F	13.521
R^2	0.586
P	0

注：***表示在1%以下显著，**表示在5%以下显著，*表示在10%以下显著。括号里为标准误差。

从年龄结构看，受访者的年龄对"是否喜爱嚼槟榔"有显著正向影响，影响系数为0.064（P＜0.01）。表明年龄越大的佤族妇女，对嚼槟榔的喜爱程度越高。

从学历层次看，受访者的学历对"是否喜爱嚼槟榔"有显著负向影响，影响系数为–0.068（P＜0.01）。表明学历越高的佤族妇女，对嚼槟榔的喜爱程度越低，即非高学历的佤族妇女更喜爱嚼槟榔。

从职业情况看，受访者的职业对"是否喜爱嚼槟榔"有显著负向影响，影响系数为–0.026（P＜0.01）。表明与非务农的佤族妇女相比，务农的佤族妇女对嚼槟榔的喜爱程度更高。

从打工经历看，受访者的打工经历对"是否喜爱嚼槟榔"有显著负向影响，影响系数为–0.242（P＜0.01）。表明与有外出打工经历的佤族妇女相比，无外出打工经历的佤族妇女对嚼槟榔的喜爱程度更高。

综上，佤族妇女对嚼槟榔的喜爱程度受制于自身状况，尤其是年龄、学历、职业和打工经历。具体而言，高龄、低学历、务农、无外出打工经历的佤族妇女对传统佤族社会的嚼槟榔习惯更为认可，接触槟榔的机会更多。（见表11-1）

第十二章 结论、思考与建议

前面章节的内容囊括了佤族妇女的情感生活、礼俗生活及法理生活。研究发现：妇女事业与社会发展、妇女增收与文化传承具有天然的共生性。一方面，妇女事业反映了社会发展的阶段水平，更好地诠释了社会发展的真谛，社会发展为妇女事业提供了坚实的物质保障和人文环境。另一方面，在当代社会，佤族妇女获取了一技之长，有了固定的个人收入；在村寨管理方面获取了选举权和发言权；在文化方面平均接受教育的时长不断增加，自我需求和自我满足的能力也逐渐增强；在不断促进文旅事业发展的过程中，佤族妇女成为经济收入的受益者，在增强自身与外界的联系的同时，增加了对佤族文化的认同感和自豪感，使得佤族的传统文化得以传承、发展，两者相互影响，相互促进。

第一节 妇女事业与社会发展的共生性

一、婚姻、家庭与情感生活

佤族家庭崇尚婚姻自由、理性生育，并且十分注重家教。佤族妇女的择偶标准主要以品行为首，除了年龄和相貌，她们还注重对方的经济条件，体现出该群体在婚姻问题上感性与理性的结合。她们既考虑表面，又注重实质；既关切现状，又在乎未来。从恋爱到步入婚姻的过程亦体现出佤族妇女精神生活的变迁。随着人际关系的扩展和复杂化，佤族妇女的求偶途径变得多样化，如通过外出求学、打工、网络、同龄群体介绍等方式接触到恋爱对象；"串姑娘"这种传统的恋爱方式在佤族社会的日常生活中范围逐渐缩小并淡化，却在特色旅游产业中逐渐突显。无论恋爱形式如何变化，佤族家庭崇尚婚姻自由的实质都保持不变。

婚后的佤族妇女在家庭中普遍受到尊重，主要体现为家庭暴力案件少、离婚率低。从生殖崇拜、家庭理念到家规和村规，佤族人民向来遵循洁身自好的婚姻观和伦理观，佤族妇女对婚姻的满意度总体较高。在佤族社会长期的发展过程中，佤族妇女在婚育方面逐渐实现了从早婚、早育到晚婚、晚育，从多生、多育到少生、优生，由非理性的超生到生育两个孩子后主动节育的理性转变。当前，一些佤族夫妇甚至还领取了独生子女证。佤族妇女普遍认为"一儿一女"的生育状态最佳；亦有不少人认为"两个儿子"比"两个女儿"更好，从某种程度上折射出重男轻女思想依然存在。

佤族妇女注重言传身教，并且对子女实行严厉的家教。尽管她们当中的一些人自身文化程度不高，但对子女的家庭教育极为重视，主要体现为以辛勤劳作的方式使自身成为下一代的榜样、崇尚道德礼仪、注重保护自然等。在辛勤劳作方面，佤族传统社会"男耕女织"的局面逐渐被打破，妇女在农耕劳作方面的压力增加。随着劳动力外出打工的趋势增强，不少男性劳动力选择背井离乡。因此，妇女既要承担家务劳动，又要实现农耕方面的角色转换。同时，当前现代化的科技种植的逐步推广使得"脑力+体力+科技"的经营模式逐渐突显，对妇女的劳作技能提出了更高的要求，佤族妇女不得不充实并提高自己，为下一代树立榜样。在道德礼仪方面，佤族中老年妇女，尤其是留守妇女，在对后代进行有关尊老爱幼、吃苦耐劳、诚实守信等的家庭教育方面功不可没。佤族社会的传统礼仪，如入席礼让老人、热情待客、禁说脏话等，被妇女通过谚语、民间故事、口头禅、家规和家训等多种形式教授给下一代。在保护自然方面，佤族妇女坚信万物都有各自的生命和灵魂，劝导后代不能随意进行砍伐和捕捞，要保护水沟等，力求实现人与自然和谐相处。

二、衣食住行与礼俗生活

乡村的发展离不开物质文化的传承，佤族妇女在吃、穿、住、娱乐等多方面同样扮演着重要的角色。在饮食方面，妇女是下厨主力。当地的"鸡肉烂饭"远近闻名，对原材料选取、配料比例、烹饪技能方面的要求极为严格；"佤王宴"在接待贵宾、发展旅游业的过程中必不可少，宴席规模较大，菜类众多，制作精细，佤族妇女联谊下厨，将佤族饮食风味演绎得淋漓尽致；酿水酒、制干货等成为当地饮食方面一道亮丽的风景线。很多游客到沧源，都是慕名佤族饮食文化而来。因此，可以说，佤族妇女在促进乡村物质、经济和文化发展方面起着重要的作用。

在服饰方面，妇女在织布，刺绣，以及银饰、腰带、篾箍、挎包等的制作领域表现出独特的审美和精湛的技艺。佤族传统服饰以黑色为主打色，所用土布均为佤族妇女自己制作而成，如齐脐黑上衣、黑筒裙等。织布主要由中老年妇女进行操作。在传统佤族社会，织布活动主要为了满足自我穿着的需求，因此，织布技术也成为当地男性择偶的重要参考指标，不懂织布的妇女被认为懒惰、不聪明，不会被人高看。在当代佤族社会，织布活动主要为了满足商品交换的需求，已成为一种谋生手段，织布技术也不再是当地男性择偶的重要参考指标。在当前现代浪潮的冲击下，很多年轻的佤族妇女的审美观发生了逆转，她们已不再追求织布技艺；此外，年轻的佤族妇女对服饰颜色的偏好亦发生了逆转，很多人不再以黑为美，认为这种颜色过于单调，并且，很多时候为了迎合游客的喜好，佤族妇女实现了服饰颜色多样化，五颜六色的上衣、筒裙、腰带、挎包等耀眼而夺目。

在居住方面，传统佤族社会的撒拉房是年轻人谈情说爱的蜜房。当前，随着年轻人寻求恋爱对象的渠道逐渐多样化、信息化，"串姑娘"的习俗逐渐淡化,撒拉房更多地成为佤族恋爱习俗的表演场地,即成为游客观看"串姑娘"习俗表演的道具和舞台。现在,佤族地区的瓦房主要为土木结构或是水泥房,与当地的汉族民居差别不大。盖房主要体现为佤族男性的集体劳作,3—5天便可完成;妇女则起配合作用,从事轻便一些的劳动,如为工匠准备食物等。入住瓦房后,室内的布置,陈设,生活、生产用具则与妇女密切相关。如墙上镶挂的刺绣工艺图、米筒、菜篮、筒帕等,通常是家中中老年妇女的手工艺作品,充分体现了佤族的特色传统文化。

在娱乐方面,佤族的民间娱乐项目多表现为男性单独参与或男女合作参与,仅有少量项目以妇女参与为主,如甩发舞、织布舞、圆圈舞、木鼓舞。甩发舞是最具佤族特色的民间舞之一,表现为佤族妇女配合音乐节奏不断地甩动长发,并于激动之时高声欢呼,体现了佤族妇女豪爽的性格。在传统节日,如"摸你黑"狂欢节、新米节等到来之时,以及祭祀古树等经典礼仪活动举行之时,沧源吸引着各地游客前来参观,当地的佤族传统文化被展现到极致。

三、现代文明与法理生活

在政治方面,佤族妇女参与政权的意识普遍偏低,担任政权要职的人数少,多数担任村妇联主任一职。妇联主任等相关一线工作人员普遍存在待遇偏低、素质参差不齐、文化水平不高、服务意识不强等现实问题,能坚持在职者多出于对村庄的热爱和对本职业的敬畏。随着村民"二胎"倾向的增强,佤族妇女工作的重点亦有所转移,不再以控制生育数量为主,而是以提高人口素质、提高妇女健康和卫生意识为重要目标。此外,购买养老保险并没有为佤族村民所普遍接受,对有着浓厚的"养儿防老"意识的村民,妇女干部通过栏目宣传、入户走访、发动村老等多种途径加以教导。另外,由于边境地区环境特殊,当地的妇女干部在预防艾滋病、打击贩毒和吸毒行为等方面一直未放松过警惕。

在就业方面,从事传统种植业的佤族妇女占比较高,当地种植的作物品种主要有烤烟、竹子、甘蔗、核桃等,加工业的延伸为她们提供了大量的就业机会。随着国家扶贫政策及小额贷款的推广,村中有少量的佤族妇女自主创业,努力与外界商业圈对接,实现了销售网络化和手段科技化,成为村中的经济能手。近年来,佤族妇女外出打工的现象很普遍,输出地以省内城镇为主,省外输出地主要有山东、浙江、广东等,到国外就业的人数不多。教育程度偏低导致她们以从事第三产业为主,且多限于餐饮业、建筑业,技术含量低,每日工作时间长,薪酬、福利等权益通常难以得到保障。对于留守妇女,通常是丈夫外出打工,她们自己选择留守村庄照顾家中老小,同时承担着主要的家庭劳动。该群体打破了"男耕女织"的传统性别分工,重活儿、轻活儿两不误,一人分饰父、母两种角色,且在经济浪潮中被卷入了零售业、服务业等,身兼数职。另外,作为我国西南少数民族地区一类从事着特殊职业的女性,女药师在传承中草药良方、补充西药治疗范围等方面发挥着重要的积极作用。

在教育方面,佤族妇女的文化程度与年龄的大小呈反比例关系,即文化程度高的女性普遍比较年轻,文化程度低的女性普遍高龄化,这与中国社会制度的改革及当地经济的发展息息相关。沧源地处山区,环境较为闭塞,信息传达不畅,经济相对落后,因而佤族村民对教育的重要性的认知程度普遍偏低。相关数据表明,当地大学及以上文化程度的女性的人数远低于男性。在家庭经济收入有限的情况下,家庭中女性的教育权往往让位于男性,重男轻女、"读书没什么大用"的思想依然存在。另外,佤族妇女的国家通用语言文字水平也普遍较低,与年龄呈反比例关系,即国家通用语言文字水平较高的女性普遍年轻化,水平较低的女性普遍高龄化。30岁以下的年轻佤族妇女的国家通用语言文字水平最高,这与近年来现代学校教育的普及和当地旅游业的高速发展紧密相关。

在其他方面,如思想建设、安全宣传,以及文体活动方面,佤族妇女积极参与。在思想建设方面,县妇联在加强思想道德建设和家庭文明建设的过程中充分融合了女性思想。随着"巾帼企业家""最美家庭""好家风"等系列竞选活动的逐步开展,很多佤族妇女踊跃参加,在准备、竞选到最终获胜的过程中增强了男女平等意识和文化自信。在安全宣传方面,县妇联通过定期下乡举办《妇女权益保障法》《反家庭暴力法》等法律知识的宣传活动,与"妇女之家"等社区机构平台合作,对农村妇女进行自身合法权益的相关教育;同时,对"两癌"妇女伸出援助之手,为她们提供物质、精神方面的帮助。在文体活动方面,各级组织利用妇女节举办多种文体活动,将佤族特色文化充分展示出来。佤族妇女实现了从被动参与、少参与到积极参与、多参与的转变,使佤族文化走出佤乡,闻名天下。

第二节　妇女增收与文化传承的共生性

文化传承离不开文化认同。佤族妇女对传统文化的认同程度可被划分为以下三个层次:

第一层次是心理与行为的双重遵循,即在身体和心理层面产生完全认同,对传统文化表现出主动的热爱。

第二层次是心理或行为的单一遵循,即在身体和心理层面产生部分认同,对传统文化表现出被动的热爱。以"串姑娘"习俗为例,在传统佤族社会,青年女子通过该方式挑选意中人,表现出了她们追求真爱的自由。该习俗在现代佤族社会的日常生活中的应用性逐渐减弱,甚至消失,但出于民俗保护及商业发展之需要,许多青年女子重新登上表演舞台,其中夹杂着对民族传统文化的热爱和对经济收入的理性追求。

第三层次是在心理和行为层面都没有遵循,即表现为在身体和心理层面完全不认同,对传统文化谈不上热爱,甚至排斥。

佤族妇女要担当文化传承的重要角色,就要增强自身的文化认同,使处于第三层次认同程度的妇女逐渐上升到第二层次,使处于第二层次认同程度的妇女逐渐上升到第一层次。

　　一些学者担忧旅游业的介入容易使佤族妇女传承传统文化的行为带有明显的功利性,反复的演出容易致使表演者趋于麻木、被动。调查组认为,持该观点的学者对此有忧患意识是对的,但显得过于悲观。在社会转型期,佤族社会逐渐加入现代商业大潮,当地妇女在旅游业中初次尝到了民俗演绎的利益甜果,进而增强了个人参与的积极性和主动性,甚至意识到了民族文化是获取经济利益的一张王牌。佤族人民黝黑的皮肤、明亮的眼睛、彪悍的性格等自身特色世代相传,佤族妇女闪亮的大耳环、震撼的甩发舞已成为佤族地区一道独特的风景线。随着佤族文化宣传范围的不断扩大,各国游客慕名而来,佤族妇女的生活习惯和自身的风貌也代表着中国人的礼仪和素养。佤族妇女实现了经济增收,以及国家通用语言文字水平的提升,也有利于增强她们的民族自信和作为女性的自信,这样,佤族文化的传承和创新会走得更长久。

　　我们在突出佤族妇女特色文化的同时,还要挖掘佤族妇女与其他民族妇女具有的共生性。云南地处中缅边境,境内杂居着多个民族。除了佤族这个主体民族,沧源县还有傣、拉祜、彝、汉等20多个民族。多年来的民族贸易和民族通婚使当地的各个民族你中有我,我中有你,实现了民族文化的共享,在中华民族共同体的场域中实现了融合。加强对佤族妇女与周边其他民族的妇女、佤族与周边民族的交往、交流、交融的研究,是调查组未来主要的努力方向。

第三节 妇女权益的守护者

佤族妇女事业的发展促进了社会发展和文化传承,同时,佤族妇女的权益也得到了社会各界的关注和支持。政府、社区和家庭为维护佤族妇女的权益共同努力,取得了丰硕的成果。

一、政府角度

从政府层面看,县妇联在加强妇女家庭文明建设、强化女性思想引领方面起到了重要的作用。第一,采取上门宣传、活动宣传等形式开展中国特色社会主义、"我与中国梦"等主题教育活动,引导妇女深刻领会以习近平同志为核心的党中央的治国新理念和新战略,使她们坚定中国社会主义道路自信、制度自信和理论自信。第二,举办"不忘巾帼初心,扬帆助力佤乡"专题妇女讲座。组织科级以上妇女干部、部分优秀女企业家、"最美家庭"代表举行特色鲜明、富有成效的教育座谈,引导妇女自觉培育并践行社会主义科学价值观。第三,抓实活动开展,深化家庭文明建设。一是开展寻找"最美家庭"活动。具体表现为践行习近平同志"注重家庭、注重家教、注重家风"的指示,推荐代表性家庭参加市级"最美家庭"评选,推进"和睦之家""学习型家庭""洁净家庭"的评选工作,完成"未成年人思想道德先进家庭"的推荐工作等。二是开展"好家风,好家训"宣传展示活动。通过演讲、晚会、座谈、征集家训等形式,对有突出表现的家庭及个人予以奖励,动员身边群众跟着学、照着做,使社会主义核心价值观在家庭中生根、发芽、生长。三是做好"绿色家庭"宣传教育活动。县里相关部门组织各级妇联实施"洁净沧源·寻找最美家庭""美丽乡村·洁净家庭"等系列活动,积极引导妇女群众树立"绿水青山就是金山银山"的思想理念，落实具体行动，为绿色沧源的建设添砖加瓦。

二、社区角度

从社区层面看，社区积极响应中央及地方政府关于妇女家庭文明建设的号召，落实维护佤族妇女、儿童合法权益的各类举措。

第一，从宣传层面看，在佤族村寨的村委会办公点、篮球场、村头和村尾、小卖铺等公共场所，"乡村振兴""关爱女童""维护妇女、儿童合法权益"等标语随处可见。

图 12-1 受访的 7 岁佤族女童

第二，从用人层面看，村委会在各屯设置组委会，每个组委会至少配备一名妇女干部，主要负责保障日常生活中村中妇女、儿童的身心权益不受侵犯。在ML村，妇联主任的日常工作主要包括调解家庭及邻里纠纷，拒绝并打击家暴行为；拓宽妇女就业视野并提高妇女就业率；保障女童义务教育就学率；关注妇女和儿童的身心健康；关心特殊女性群体，如失独老人、五保户、患病和残疾妇女、单亲家庭女童、留守妇女和儿童等。妇女干部被要求秉持公平、公正、公开原则，敢说、敢做、敢当，有舍己为人、热情、大方、善于做思想工作等优势。因此该名额由村民公开选举，当场唱票表决产生。

个案H，BK村，女，46岁，村妇联主任，编号201908

"我去年获选妇联主任。我们屯共54户，200多人。当时一共有3个候选人，要求在家的18—50岁的成年人都参与投票。我记得有52人参与了投票，我得了23票。我平时主要督促结婚者领证，宣传婚前尽量不要非法同居，以避免双方相关利益受损；过年、过节组织妇女练习跳舞；等等。我们村暂时还没有离婚者，夫妻关系还算比较和谐。但村里有两名经常遭受家庭暴力的妇女，我经常上门了解情况，劝说施暴者，跟他们说清楚这属于违法行动。村里还有两名艾滋病患者，但是我会保守她们的隐私，关心她们的生活，督促她们按时领药等。"

第三，从举措层面看，表现为关注妇女、儿童合法权益，为特殊群体提供多方支持，及时发放政府福利等。社区通过建档立卡精准把握贫困人口分布情况，村干部定期上门看望五保户、失独老人、孤儿等，为他们送去关爱。每逢节日，村委会都会组织慰问或帮扶活动，由村干部亲自将粮油、衣物、书包等生活用品发放至被帮扶者手中。（见图12-1）

个案T，NL村，女，66岁，留守老人，编号201920

"我老伴2016年去世了，四个女儿也都外嫁了，就剩下我一个人。幸亏我二女儿把她上六年级的儿子放在我这里，跟我同吃、同住。他很懂事，陪我做饭、聊天，有时候还给我捶捶背。女儿们都挺孝顺，她们都嫁在附近，每人每个月给我100元生活费。我有心脏病，得花钱买药，每月大概200元，也是女儿们掏钱。去年政府补贴了4万元，女儿们出了3万元，让我住进了新房，水费、电费政府全免。我每年还能拿到4000元的低保，我很知足。"

第四，从环境层面看，主要表现为营造"干净社区"。社区的妇女成为清洁行动的主力，她们将屋前、屋后的柴木、农用车、农具等杂物整齐摆放，对鸭、鸡、鹅、牛等家禽和牲畜进行严格圈养。样本村寨整体上较为干净，地面上无明显的垃圾，村民自觉将垃圾运至固定的垃圾回收站。ML村还实行乡村卫生志愿者轮值，社区妇女亦成为报名先锋。轮值期间，妇女志愿者戴袖章在村中公共场所巡查，遇到违规者，及时上前提醒、劝说并处理；她们还对每户村民的卫生状况进行匿名打分，作为年终评选"洁净家庭"的一项重要指标。

个案L，ML村，男，51岁，茶叶种植者，编号201912

"我们村去年举行了评比'洁净家庭'活动，获评户数占总户数的约5%。主要标准是屋内物品摆放整齐；牲畜集中圈养，屋内外无粪便；卫生间干净；灭蚊措施到位等。这个没有什么物质奖励，只有荣誉证书。村民对这个挺感兴趣，因为荣誉很重要，让村民都知道哪家爱干净。奖牌挂在门口，外来游客也愿意逗留或参观。"

三、家庭角度

从个人层面看，家教和家风、村民对政府福利政策的感恩体现得尤为具体。家教和家风主要体现为婆媳文化。佤族村民奉行"子大分家"的规矩。老人通常跟随经济条件较好的儿子生活，其余的儿子根据自身的经济状况，不定期地为老人提供一些粮油等生活用品，外出务工者则给老人一些生活费。外嫁的女儿一般离家不远，会经常回来探望老人，给老人带来一些生活用品，如衣物、饰品等。这里的老人通常不过寿，往往过年时家族成员才大规模地团聚。在佤族妇女的日常生活中，婆媳相处占据着大量的时间和空间。

在劳务分工方面，婆媳共同承担家务劳动，相辅相成。佤族男性外出打工后，村中的留守人员主要是老人、妇女和儿童。当地"男主外，女主内"的意识仍旧较为严重。老年男性主要负责养牛，剩余的时间主要用于休闲，如在树荫下聊天、抽烟或打牌；大部分的农活儿、家务活儿由妇女承担。农活儿主要包括水田和旱田的育苗、耕种、护理、收割、作物晒晾等，以及自家菜的种植，如青菜、豆角、茄子、土豆、姜、葱等；家务活儿则更为繁杂，主要包括制备一日三餐、打扫卫生、洗晾衣物、洗碗等，以及照顾孩子。在受访对象中，八成以上的留守婆媳日常分工较为明确。在传统佤族社会，老年妇女以照料幼童为主，以其他劳动为辅；中青年妇女则以其他劳动为主，以照料幼童为辅。这主要出于老年妇女一般体弱多病考虑。如今，这样的分工情况出现了逆转趋势，即中青年妇女以照料幼童为主，以其他劳动为辅，老年妇女则以其他劳动为主，以照料幼童为辅。这主要源于当前农村家庭对家庭教育地位的认知。越来越多的中青年妇女认为，家庭教育对于孩子的成长极其重要，老年妇女在学历、认知、性格、语言表达能力、处理事情的方法和方式等方面没有优势，而年轻一代可以弥补该缺口。因此，经常被碰到在农田中、房屋前后劳作的是老年妇女，而非中青年妇女。（见图12-2）

图12-2 辛勤劳作的佤族妇女

个案O，ML村，女，27岁，外出打工者，编号201915

"我和婆婆很少吵架，就算吵架，也是因为孩子。婆婆性子比较急，对孩子不够耐心。我就看不惯，孩子哪有生来就什么都会？都是靠教育和引导。所以我宁愿自己带孩子，其他的活儿她多干些。"

婆媳关系是佤族家庭关系是否融洽的重要体现，调查组通过对135名佤族妇女进行访问来了解佤族家庭的婆媳关系，具体分析如图12-3所示：

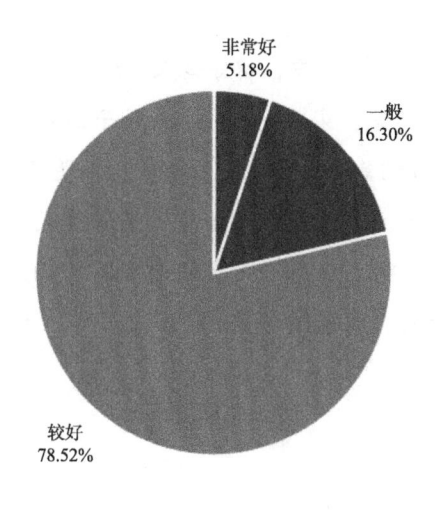

图12-3 佤族家庭关系中婆媳关系的调查分析

由上图可见，佤族家庭关系中的婆媳关系普遍较为和谐。106名佤族妇女认为自己"与婆婆的关系较好"，占总人数比例的78.52%；22名佤族妇女认为自己"与婆婆的关系一般"，占总人数比例的16.30%；7名佤族妇女认为自己"与婆婆的关系非常好"，占总人数比例的5.18%；没有佤族妇女认为自己"与婆婆的关系比较差"或"与婆婆的关系非常差"。总体而言，大部分佤族妇女与婆婆的关系较和谐，主要与佤族尊老爱幼的家教文化有关，且婆婆在日常家务，尤其是照看孙辈等方面功劳较大，让儿媳妇心存感激。

村民对政府福利政策的感恩主要体现为老年妇女对养老现状的满意程度较高。进入新时代以来，党中央及各级政府高度重视佤族地区的全面发展。通过制定并实施"兴边富民行动"的方针政策挖掘支柱产业，在糖、茶、胶、矿产等方面下功夫，改变了佤族地区仅以农业为生的发展思路；不断开拓当地特色市场，加大经济投资力度并吸引民间投资；大力发展交通事业，努力实现"村村铺水泥路"；明确旅游业与民族文化结合的发展路径，有效吸纳当地闲散劳动力，实现佤族村民明显增收。

个案T，NL村，女，66岁，留守老人，编号201920

"以前我们都吃不饱、穿不暖，穷得连鞋子都没有。到了我儿子这代，党给我们补贴，让我们盖房子，还投资让我们发展坚果苗种植。专门有人提供肥料，树苗生病了有人免费给治疗，果子成熟了还有人来收购。这几年我们的生活水平明显提高了，我每个月还有80元的政府补助，生病住院还可以报销七成。我很满意（现在的）养老生活，一直念着共产党的好！"

第四节 政策建议

一、国家：继续为佤族妇女的合法权益保驾护航

政府对佤族妇女的话语权极为重视，并对之具有决定权，建议在根据不同地域的具体特征制定倾向性政策的同时，还要监督地方政府落实并细化，让习近平总书记的系列重要讲话精神得以充分发挥并展示。

（一）激发妇女参政、议政积极性，将鼓励政策抓紧、抓细

要对佤族妇女干部比例构成、选拔流程及注意事项有清晰的思路，并加以落实。目前，佤族妇女主要担任村妇联主任一职，而实际上，她们身

处一线工作领域，需要处理的事务颇为繁杂，并非局限于妇女工作本身，具体工作内容的范围和职责划分尚不明确。编制少、任务负担重、薪酬待遇低、部分村干部团队不甚团结等实际困难容易挫伤她们的工作积极性，导致无人愿意接任部分村妇联主任、村妇女组长等职务，不利于相关工作的开展。建议适当增加妇女干部编制，明确其工作职责和工作范围，提高妇女干部的薪酬待遇，对工作杰出者予以及时、适当的奖励。

（二）将妇女问题融于乡村振兴领域，力争实现妇女增收

妇女增收能直接改善家庭的经济面貌，实现妇女增收要充分考虑妇女的个人潜力。如制定并推动"巾帼创业活动"，鼓励妇女网上创业，推动妇女运用"互联网+"模式发展微型企业；鼓励妇女参与到特色种植业、庭院经济、乡村旅游业等领域，应适当放宽小额贷款，有所倾斜；支持返乡女农民工、女大学生创新创业，为她们开辟职业培训、技术提升的绿色通道；重点栽培妇女致富领头人，创建合作社，吸引外商融资，主动融入"一带一路"建设；针对贫困户佤族妇女提供家政服务、手工编织、乡村旅游、种植、养殖等方面实用技能的免费培训，颁发培训合格证，鼓励乡镇企业聘用她们就职，落实税收减额等相应措施。

（三）开拓多条维权途径，灵活、有效地维护妇女权益

倡导并推广妇女维权，要防止简单地停留在喊口号的层面，要切实建立相关维护渠道，明确维护手段。建立宣传妇女权益维护的相关热线，对来电妇女反映的情况予以及时、深入的了解和确认，并积极跟进，协调多方解决问题。确立并推广反家庭暴力的维权服务，使家暴言行无处可藏，妇女权益得到充分保障，对因此而身心受到伤害的妇女予以专业救助；同时鼓励身边的亲邻及时、主动地举报所见家暴言行，确认无误后给予相应的奖赏。推动现代法律、法制深入农村，做好普法宣传、心理疏导、法庭模拟、法律咨询等贴心服务。

二、乡村：继续为佤族妇女的文化传承创造空间

当前，成为非遗传承人的佤族妇女并不多，她们当中的很多人会选择外出打工，其中的重要原因是当地文化产业的发展不足以满足或支撑她们的物质需求。旅游业有淡季、旺季之分，导致了她们候鸟式的就业模式，即旺季留守村庄，淡季奔赴城市。部分妇女对传统技艺的学习浅尝辄止，仅将之视为兼职的谋生手段，缺乏对传统文化的持续关注和热爱。因此，我们在培养非遗传承人的同时，要考虑壮大并稳定相关队伍。

（一）对传统文化接班人实行"宽进严出"政策

一方面，建立表演竞标机制，扩大选拔空间，公开选拔优秀团体及个人。另一方面，促进传统文化接班人在民间与学校的互动。如聘用艺、品双优的传承人到大中专院校，尤其是民族院校、艺术院校兼职任课；鼓励艺术类学科师生向传统文艺教学与创作倾斜，邀请知名专家到当地采风并创作；选送有潜能的文化传承者到区级艺术院校、文工团接受人才培养；等等。

（二）发展特色村寨，联手推动产业创新

充分发挥对企业、民间组织等的引导作用，积极与投资集团对接，发展规范化的特色小镇；加强与旅游行业知名电商合作，形成多渠道营销模式。

（三）组建多元化组织与乡土人才队伍

以村"两委"为主体，构建自治、法治、德治"三治合一"的现代乡村治理体系，发挥乡村多元化组织和乡土人才的优势，重塑村寨共同体；科学引导农民专业合作社、农村文化展示乐队、乡贤协会、老年协会等各类民间组织，充分调动各组织带头人及成员的积极性，使他们参与到传统文化资源的挖掘和整理、传承和创新当中。

三、家庭：继续为佤族妇女的日常生活增添色彩

佤族妇女在家庭文明建设过程中发挥着重要作用，近年来，当地相关部门和组织在将"家庭·家风"的重要指标落实的同时，也使她们的日常生活愈加丰富。

（一）开展"寻找村寨最美家庭"赛事活动

以县妇联牵头、村民推选的形式开展"寻找村寨最美家庭"活动。对"和睦之家""学习之家""敬老之家""洁净之家"进行推荐和评定，并予以相应的奖励。通过组织经验分享，努力树立身边的榜样，动员村民跟着学、照着做，引导村民崇德、向善。

（二）开展"村寨好家训、好家风"宣传活动

广泛征集好家训，并通过图片、书法、视频、音乐等形式加以展示；定期举办"好家风"系列文娱活动，如小品、相声、歌曲、舞蹈等；与邻村联谊，定期开展"好家风"经验分享会；加强开展"好妈、好爸、好家风"等家教宣传实践活动，为未成年人健康成长营造良好氛围。对以上活动中的积极分子、表现突出者予以相应的奖励。

（三）开展"关注老年妇女养老生活"福利活动

以妇女节、劳动节、重阳节等节日为契机，开展"为老年妇女送温暖"系列活动。以座谈、谈心、看电影等形式使老年妇女的闲暇生活更加充实；开展体检、送健康等公益活动，如为老年妇女检测血糖、血压，提供义诊服务，针对老年人常见疾病提供建议、指导等。

附录1：调查问卷

"佤族妇女研究"调查问卷

1.您的年龄是（单选）

①20—29岁□　②30—39岁□　③40—49岁□　④50—59岁□ ⑤60岁及以上□

2.您的最高学历是（单选）

①未受过教育□　②小学□　③初中□　④高中□　⑤本科及以上□ ⑥中专　⑦大专

3.您主要从事的职业类型是（单选）

①务农□　②养殖业□　③经商□　④服务业□　⑤工人□　⑥军人□ ⑦企事业单位□　⑧专业技术人员□　⑨党政机关□　⑩无职业□ ⑪其他_____

4.近两年您是否有外出打工经历？

①有□　②无□（直接跳到第6题）

5.近两年您外出打工的主要地域范围是（单选）

①县内□　②县外省内□　③省外国内□　④国外□

6.近两年您的平均月收入是（单选）

①1000元以下□　②1000—1999元□　③2000—2999元□　④3000—3999元□　⑤4000元及以上□

7.您是否看重择偶对象的民族？（单选）

①是□　②否□

8.您是否看重择偶对象的品行？（单选）

①是□ ②否□

9.您是否看重择偶对象的相貌？（单选）

①是□ ②否□

10.您是否看重择偶对象的经济条件？（单选）

①是□ ②否□

11.您是否看重择偶对象的文化水平？（单选）

①是□ ②否□

12.您是否看重择偶对象的职业？（单选）

①是□ ②否□

13.您是否看重择偶对象所处地区？（单选）

①是□ ②否□

14.您是否介意嫁给同姓人？（单选）

①介意□ ②无所谓□ ③不介意□

15.您是否介意嫁给缅甸籍人士？（单选）

①介意□ ②无所谓□ ③不介意□

16.您是否介意嫁给非佤族人？（单选）

①介意□ ②无所谓□ ③不介意□

17.您是否介意嫁给外省非云南人？（单选）

①介意□ ②无所谓□ ③不介意□

18.您是否会制作"佤王宴"上的传统饮食？（单选）

①会□ ②基本会□ ③会一些□ ④不会□

19.您是否掌握佤族纯手工织布技术？（单选）

①掌握□ ②基本掌握□ ③掌握一些□ ④没有掌握□

20.您是否掌握佤族传统刺绣技术？（单选）

①掌握□ ②基本掌握□ ③掌握一些□ ④没有掌握□

21.您现在居住的房子是（单选）

①干栏式楼房□ ②四壁落地房□ ③现代楼房□ ④其他_____

22.您是否佩戴银饰？（单选）

①从未□　②偶尔□　③经常□

23.您如何看待"佤族人肤色偏黑"？（单选）

①喜欢，佤族人以黑为美□　②不喜欢，更喜欢偏白的肤色□　③无所谓，肤色自然就好□　④其他_____

24.您平时喝哪种酒？（多选）

①烧酒□　②水酒□　③玉米酒□　④不喝酒□　⑤其他_____

25.您会跳哪种舞？（多选）

①甩发舞□　②圆圈舞□　③木鼓舞□　④其他_____

26.您喜欢哪些主打颜色的佤族服装？（多选）

①黑色□　②大红色□　③粉红色□　④其他_____

27.您是否参与村干部投票选举？（单选）

①从未□　②偶尔□　③经常□

28.您是否参与竞选村干部？（单选）

①从未□　②偶尔□　③经常□

29.您认为村委干部组织至少要有多少名妇女干部？（单选）

①1名□　②2—3名□　③3名以上□　④不好说□

30.您认为出嫁的女儿是否有父母财产的继承权？（单选）

①没有□　②与其他兄弟共享□　③不清楚□

31.您是否使用手机上的微信功能？（单选）

①从未□　②偶尔□　③经常□

32.您认为妇女应该达到的最高教育程度是（单选）

①大学□　②中职□　③高中□　④初中□　⑤小学□

33.根据您的了解，当地教师在教学时使用哪种语言？（单选）

①佤语□　②国家通用语言□　③佤语、国家通用语言□　④不了解□

34.您是否了解有关"两癌"（乳腺癌、宫颈癌）的相关常识？（单选）

①非常不了解□　②比较不了解□　③比较了解□　④非常了解□

35.您认为影响佤族妇女是否继续接受教育的最主要因素是什么？（单选）

①早婚□ ②外出打工□ ③家庭经济水平□ ④读书观念□ ⑤学习成绩□ ⑥其他_____

36.您认为艾滋病主要通过哪些途径进行传播？（多选）

①唾液□ ②性接触□ ③血液□ ④母婴□

37.您的初婚年龄是（单选）

①20岁以下□ ②20—25岁□ ③26—30岁□ ④31—35岁□ ⑤36岁及以上□

38.您的初育年龄是（单选）

①20岁以下□ ②20—25岁□ ③26—30岁□ ④31—35岁□ ⑤36岁及以上□

39.您结婚时的彩礼是多少？（单选）

①1000元以下□ ②1000—5000元□ ③5001—10000元□ ④10001—20000元□ ⑤20001—30000元□ ⑥30000元及以上□

40.您目前的子女情况是（含领养）（单选）

①无□ ②1子□ ③1女□ ④1子、1女□ ⑤2子、1女□ ⑥2女、1子□ ⑦其他_____

41.您的生育意愿是（单选）

①无□ ②1子□ ③1女□ ④1子、1女□ ⑤2子、1女□ ⑥2女、1子□ ⑦其他_____

42.您的婆媳关系如何？（单选）

①非常差□ ②比较差□ ③一般□ ④比较好□ ⑤非常好□

43.您的妯娌关系如何？（单选）

①非常差□ ②比较差□ ③一般□ ④比较好□ ⑤非常好□

44.您家中的重大决策（如子女入学、婚姻，购房等）一般由谁决定？（单选）

①您与丈夫协商□ ②您自己□ ③丈夫□ ④公公□ ⑤婆婆□

45.婚后您更喜欢哪种居住方式？（单选）

①与公公同住☐　②与婆婆同住☐　③与公婆同住☐　④单独居住☐

46.婚后您与丈夫如何分配家务？（单选）

①以女方承担为主☐　②以男方承担为主☐　③双方共同承担☐

47.您的丈夫是否对您有打、骂等家暴行为？（单选）

①从未有☐　②偶尔有☐　③经常有☐

48.如果遭遇家暴，您将如何处理？（多选）

①忍气吞声☐　②直接还击☐　③求助于亲邻☐　④求助于村干部☐　⑤寻求法律援助☐　⑥离婚☐　⑦离家出走☐

49.您是否赞同"这辈子一定有一个儿子"的观点？（单选）

①非常赞同☐　②比较赞同☐　③比较反对☐　④非常反对☐

50.您是否赞同"多子多福"的观点？（单选）

①非常赞同☐　②比较赞同☐　③比较反对☐　④非常反对☐

51.您是否赞同"儿女都一样"的观点？（单选）

①非常赞同☐　②比较赞同☐　③比较反对☐　④非常反对☐

52.您是否赞同"未婚先孕"的做法？（单选）

①非常赞同☐　②比较赞同☐　③比较反对☐　④非常反对☐

53.您是否赞同"先同居，后领证"的做法？（单选）

①非常赞同☐　②比较赞同☐　③比较反对☐　④非常反对☐

54.您如何界定婚姻关系？（单选）

①摆酒席☐　②同居☐　③领证☐　④给聘礼☐　⑤其他_____

附录2：个案访谈提纲

个案访谈提纲1（已婚妇女）

1.请谈谈您的婚育过程（如何认识丈夫、如何嫁过来、生育性别偏爱、与婆家的相处情况等）。

2.请谈谈您对佤族妇女传统民俗和审美（甩发舞、打耳洞、以黑为美等）的认知。

3.请谈谈您对外出打工的认知（利弊分析、意愿程度、身边妇女在打工前后的变化等）。

4.请谈谈您夫家发生的给您印象最深刻、影响最大的一件事，以及您在该事件中的地位和作用、外界的介入情况、您对这件事的看法。

个案访谈提纲2（未婚妇女）

1.请谈谈您的择偶标准（认识婚恋对象的途径，看重对方哪些条件，是否介意对方为同村或同姓、外省非同一民族、国外人士，理想的彩礼数等）。

2.请谈谈您对佤族妇女传统民俗和审美（甩发舞、打耳洞、以黑为美等）的认知。

3.请谈谈您对外出打工的认知（利弊分析、意愿程度、身边妇女在打工前后的变化等）。

4.请谈谈您对自身文化水平的认知（是否愿意继续读书、对读书作用的定位、对微信的熟悉程度等）。

个案访谈提纲3（已婚男性）

1.请谈谈您的婚育过程（如何认识妻子、如何娶过来、生育性别偏爱、与妻子的相处情况、家庭日常分工情况等）。

2.请谈谈您对佤族妇女传统民俗和审美（甩发舞、打耳洞、以黑为美等）的认知。

3.请谈谈您对外出打工的认知（利弊分析、意愿程度、身边妇女在打工前后的变化等）。

4.请简单评议一下您的妻子（是否贤妻良母、与人相处情况、是否勤劳、与您的关系是否融洽等）。

个案访谈提纲4（未婚男性）

1.请谈谈您的择偶标准（认识婚恋对象的途径，看重对方哪些条件，是否介意对方为同村或同姓、外省非同一民族、国外人士，理想的彩礼数等）。

2.请谈谈您对佤族妇女传统民俗和审美（甩发舞、打耳洞、以黑为美等）的认知。

3.请谈谈您对外出打工的认知（利弊分析、意愿程度、身边妇女在打工前后的变化等）。

4.请谈谈您对妻子在家庭中的地位的看法（是否"男主外，女主内"，生育子女情况及数量，是否应该外出谋生，婚后是否分家，妻子是否应该赡养公婆等）。

个案访谈提纲5（妇联主任）

1.请谈谈您平时的工作范围（工作对象、频率、难易程度，能否解决问题等）。

2.您认为现任职位对您的家庭地位和社会地位有什么影响吗？为什么？

3.请谈谈本村妇女参与政治活动的情况（积极性情况，参与活动的种类、频次，妇女的文化程度等）。

个案访谈提纲6（外出打工妇女）

1.已婚者：请谈谈外出打工对您的家庭关系（夫妻关系、亲子关系、亲戚关系等）的影响情况。

未婚者：您今后的婚姻打算（与外地人联姻、与本地人联姻等）是什么？为什么？

2.打工后，您对本民族风俗和文化有什么新看法（以前的看法、现在的看法、受什么影响）吗？为什么？

3.您是自愿外出打工，还是迫不得已？为什么？

4.您外出打工后，是打算长期在外发展，还是以后回乡工作？

个案访谈提纲7（针织、刺绣出名的妇女）

1.请问您是什么时候开始学习针织和刺绣的？是受什么影响而开始学习的？

2.您是如何以针织和刺绣为生的？

3.您对针织和刺绣的传承有什么建议？

个案访谈提纲8（在读大学生）

1.请问您现在就读的学校符合您的个人意愿吗？为什么？
2.您觉得您现在所学的知识和技艺对您未来的发展有什么影响？
3.您对未来的另一半有怎样的要求？

个案访谈提纲9（佤族老人）

1.您是否赞同本村人娶外籍（如缅甸籍）媳妇？为什么？
2.您是否愿意自家女儿（儿子）嫁（娶）外地人？为什么？

附录3：案例（部分）

案例1： M，女，19岁，ML村，在读高中生
访谈主题： 对佤族妇女的评价和自己的人生规划
访谈时间： 2021年8月10日

我就读于沧源佤族自治县民族中学，开学就高三了，明年高考，是土生土长的佤族人，我们学校90%的学生都是佤族。我家里有4个兄弟姐妹，我排老二，有一个哥哥、一个弟弟、一个妹妹。我能读高中真的很幸运，因为哥哥比我大2岁，初中毕业后就在外面打工，过年才回来。我上学的开支都来自父亲和哥哥打工的收入。我母亲平日在家里做一些刺绣活儿，到了旅游旺季，很多游客来我们村玩，可以出售。做一个刺绣手袋一般得用一周的时间，能卖上80—120元的价钱。我们家还种植了一些核桃，大概有1亩地，是村干部前几年鼓励我们村民一起种植的，平时就我母亲和我，还有弟弟、妹妹打理。每年到了收获季节，都会有人来收果实，我们不用担心销路。我哥哥还没有对象，我父母很着急，说要在隔壁村给他相一个。他说不要，不着急，所以跑出去打工了。现在这边的彩礼怎么也得要5000元了，加上婚宴，是个大开支。既然他不着急，我父母也只能先存钱，平时节衣缩食，就是为了让我哥早日娶上媳妇。

我目前的成绩在年级居中上游，我想考一个二本大学，学法律或管理类专业。在我们村，女性如果没有文化，没有一技之长，那就只能等着嫁人。我觉得我们这儿的佤族妇女总体上文化程度不高，老一辈很多都没受过教育，不识字，只会说佤语，不懂普通话。估计是穷怕了，她们都向往

嫁出去。但嫁到夫家还是干家务活儿、生娃。这不是我想要的生活，我认为女孩子得经济独立，有稳定的收入，多看看外面的世界。我的很多初中女同学毕业后直接打工，不再读书，现在不少人已经订婚，有好几个已经嫁人。这里的佤族姑娘是很抢手的，男方家早早就争抢着上门提亲，生怕自己的儿子娶不上媳妇。他们更希望订婚或结婚后一起外出打工，这样，照顾家庭和赚钱两不误。但这样的婚姻往往基于媒妁之言，两人见面两三次就结婚，生活在一起，都没有感情可言，生活得开不开心，也只有自己知道。有的困难家庭，因为对方给的彩礼比较多，就心动了，把自己的女儿嫁过去了。但到了那边很受气，丈夫比自己大十几岁，没有文化，有的还有不良嗜好甚至暴力倾向。这样的婚姻没什么意义，等于把自己的未来都毁了。我坚决不走这条路。我想毕业后先工作，到了25岁以后再结婚。

我不太相信"魔巴"。在旧社会，他们是佤族的祭师，在老一辈人心目中，他们能在佤族人与"神灵"之间搭上一座沟通的桥。我认为我们凡事还得靠科学、靠自己。这里的"司岗里"狂欢节热闹得很，加上有当地旅游业发展的宣传，能给当地带来极大的创收。我到了节日也会穿上民族服饰，和大家一起拍照、娱乐。但我平时不怎么穿，穿着打扮跟普通汉族人没有太多的区别。

案例2：J，女，62岁，BK村，留守老人
访谈主题： 佤族对黑色的热衷及体现
访谈时间： 2021年8月11日

我们佤族人，尤其是老年人，比较偏爱黑色，无论是衣服、头发还是皮肤，都以黑为美。这可能就是一种习惯，从老一辈到我们这一代都是这样认为的。

在衣服颜色的选择上，我们佤族很多人的衣服都以黑色打底，也以黑色为主。老年人的衣服几乎全是黑色的，他们很少穿其他颜色的衣服。只有中青年，尤其是年轻的姑娘，才穿一些花花绿绿的裙子，有点像傣族的风格。她们可能受外面的人，还有电视上的穿着的影响，但这些还是民族服装。日常穿的基本是类似汉族人的衣服，比较简单、透气，用她们的话叫"时髦"。她们通常在传统民族节日或者学校组织活动的时候才穿佤族服装。中年妇女的民族衣服很多也以黑色打底，但她们讲究用少量其他颜色加以点缀，例如在黑衣里面穿一件白衬衣，黑色衣裳配银纽扣，等等。增加这些点缀是为了让黑色服装显得更加大方、潇洒、漂亮。现在旅游开发速度快，游客喜欢跟我们一起唱歌、跳舞，穿我们的民族衣服留影。我们出租或出售的民族衣服不能都是黑色，否则不好卖，得尽量光亮一些。

在头发方面，我们佤族人也觉得越黑越好，这是健康、美丽的重要标志。不是有一首歌：黑黝黝的大山，黑黝黝的路，黑黝黝的秀发，黑黝黝的皮肤。黑黝黝的大山，黑黝黝的路，黑黝黝的秀发，黑黝黝的皮肤。黑黝黝的木鼓敲得震天响啊！阿佤人民走向了新世纪！意思就是黑的魅力。佤族人不论男女，都希望自己的头发又浓密，又黑亮。头发厚、密而黑亮的人在我们这儿会受到喜爱。我年轻的时候，跟我老伴谈恋爱，他就很中意我的头发。那会儿我的头发又黑又长，一直长到腰间，没有叉发，也没有白发，把它散开跳甩发舞，很爽呀！平时把它盘起来，也很精神！后来我见公婆的时候，他们也一眼就看上我了，觉得我的头发乌黑发亮，身体肯定棒棒的，生儿育女也肯定没有问题。这不，我给他们家生了两个儿子、三个女儿呢！平时打理头发确实比较麻烦，我们通常3—5天洗一次，冬天有时候得1周或10天，用的"洗发水"就是我们当地产的茶麸，便宜又好用，成本并不高。现在的年轻人也以黑发为美，但不会留得很长，一般都是披肩。很多学生为了方便，也有剪短头发的。更有少数年轻人不知道从哪里学来的，染头发，把头发变成黄色、褐色。我不觉得好看，真是时代变了，看法也不同了。

对于皮肤，我们也是以黑为美的。我们认为肤色焦黑的女子通常勤出门、干活儿多，勤劳而壮实，因而深受婆家人喜欢。佤族人形容一个人身体健康，会说他/她的肤色"像小雀果叶子那样黑亮"。因为小雀果叶子是深绿色的，"深绿"在我们看来就是"黑亮"，我们觉得这样形容肤色非常合适，另外，我们佤族人喜欢用"黑"来取名，比如"岩黑龙""娜黑龙"等，这些对我们来说都是常见的、喜爱的名字。用"黑"取名字的人，并非都是因为肤色较黑。有些名为"黑"的男女，其肤色实际上甚至远比同族人浅。它其实就是表达一种意愿，就像汉族人喜欢叫男孩子"石头""狗儿"一样，还带有吉利之意。佤族人喜爱黑色的事例还有很多，就不一一细说了。总之，我们喜爱黑色，在我们看来，黑色代表严肃、正式。肤色较黑的人，被认为是诚实而勤劳的人。

案例3：A，男，48岁，YH村，核桃种植者
访谈主题：核桃种植业的选择
访谈时间：2021年8月11日

我已经种植核桃快10年了，一共大概有8亩地。前几年收益还可以，一年能挣个四五万元；这两年收益就不好了，同样也是一年挣个四五万元，但种植成本大大增加了，其实就是收益下滑了。主要原因是现在过来收核桃的人比较挑剔，常常压低价格。外面的市场竞争压力大，我们自己卖，要卖到什么时候啊？只能便宜点卖给他们。目前我们临沧市有核桃加工企业，开发商主要开发高档核桃油、核桃粉、核桃露、核桃洗手液等产品，核桃产业已经成为我们当地特色农业的支撑产业。据说2016年临沧市核桃种植面积达到了800万亩呢！核桃总产量有26万吨，总产值50多亿。做得比较成熟、比较知名的不是我们沧源县，是凤庆县，他们2004年被国家林业局命名为"中国核桃之乡"。这里的核桃的口碑目前还是跟新疆核桃有一定距离的。新疆核桃皮薄、肉厚，又大个儿，壳比较白净；我们这里的核桃相对皮厚、肉薄，个子没那么大，壳没有那么白净，口感也比不上新疆核桃，所以直接卖在价格方面难免处于劣势，只有走加工业路线才能体现出优势。

我以前没有想过种植核桃。家里就有一点旱地，种些玉米和蔬菜。后来村里很多人都开始种，说这样能挣钱，我也想跟着试试。我就跟村里另外一名种植大户学习技术，从选苗种、选地到施肥、防虫、防自然灾害，从种植到销售，都一步步地学。一开始我就用我兄弟们的地，加起来大概3亩来种植，每年给他们几百元租赁费。慢慢地就摸到门路了，再租其他村民的地，以扩大种植面积。近两年村里成立了产业协会，说白了就是组织大家开展种植技术分享和成功销售分享。我觉得挺好，团结就是力量，也有机会跟外面接触，否则就是井底之蛙，看什么都是一抹黑。我们现在考虑不走他们的收购路线，想自产自销，在网络平台销售，这样每斤的价格能高3—4元呢！但我们不太懂电商模式，正在邀请高手过来进行经验分享。

我没有想过让儿子们也跟着我做核桃生意，因为太晒、太累，要吃很多苦。现在的年轻人很难做到这一点，他们宁愿到外地打工，朝九晚六，下班后还可以享受城市生活。他们中有很多人不愿意回村寨加入旅游业，更不要说种植业了。我有两个儿子、一个女儿。大儿子27岁，已经结婚，现在深圳打工；小儿子在昆明读大学，是个二本，打算毕业后也去大城市闯，找份工作；女儿22岁，中专毕业后一直在县医院当护士，她肯定也不会回村里发展，估计以后就在县里安家了。我打算再做5年，该挣的钱就都挣到了，挣不到的也认命了，因为体力跟不上，思维也跟不上了。年纪大了可以跟老伴帮儿子们带带孙子，报个旅游团到处转转。村里这两年也有毕业生回来创业，这种精神真让我佩服！他们有知识，有思维，敢干，如果能有人带带，增加些实践经验，前途也是很好的。

案例4：B，男，25岁，YH村，外出打工者

访谈主题：择偶标准

访谈时间：2021年8月12日

我只读了初中，家里穷，兄弟姐妹5个，所以读完初中就跟着大哥去山东打工了。后来还去过很多地方，包括广州、深圳、成都、自贡、昆明，在每个地方待的时间都不太长，最多2年。做的只是加工业，比如玩具配件、汽车配件，都是流水线作业，很枯燥。如果去广东的话，每个月能拿到3000—4000元，包吃住，一周休息一天。没有办法，主要是因为自己没有什么文化。

对象吧，目前还没有。之前谈过两个。一个眼看都要结婚了，但对方家里人不同意，因为她是医院的护士，是有编制的，在蒙自。我们是初中同学，毕业后一直有联系，后来就在一起了。她家里人认为我工作不稳定，学历低，家里穷，兄弟姐妹也多，希望她找个条件更好的。她开始也闹，但慢慢地也接受了，可能听身边人说得多了，自己更理性了吧。我不怨恨她，只怨恨自己不够优秀。另外一个没谈多久，半年就分手了。这个是家里人托人介绍的，家在隔壁村，比我大三岁。我是不介意的，这边很多人都娶比自己年龄大的老婆。她长得很一般，比较胖，小学毕业就出去打工了。我也不介意，毕竟自己没有能力找更好的人过日子。但谈了半年，我发现她脾气不好，实在受不了。

现在家里人也很着急，一到过年，他们就给我安排相亲。我是没啥好挑的了，都25岁了，觉得男人过了30要是再娶不上，估计以后就更困难了。现在的女孩子都要彩礼，没有个三五万元，估计娶不到老婆，这在我们这儿是最低的标准。有的有钱人娶媳妇可风光呢！能花上个十几万、二十几万元，父母还在城里给买了房和车。我是没指望，只想娶一个懂事、顾家、善良的女孩，比我大3—5岁我都可以接受，离异的也没有关系，最好不要带孩子，否则以后相处会很麻烦。学历嘛，读过小学就可以。对相貌，我也没啥要求，只要五官端正就可以了，都是过日子，又不是选美。而且对方最好是佤族，因为在语言上沟通起来比较方便。我父母希望我找个本地的，但很多本地姑娘外出打工时就直接嫁出去了，留在村里的很少，除非是身体有缺陷的、父母需要照顾的，否则基本都有对象了。只要是过了18岁，不再读书的女孩子，都会有人主动上门做媒。

案例5：R，女，25岁，NL村，中学教师
访谈主题： 对佤族妇女社会地位现状的看法
访谈时间： 2021年8月12日

我们学校里女教师居多，一般教语文、英语、历史和生物；男教师主要教数学、物理和地理。我们教师一半以上都是沧源本地人，实行积分考核制度。现在老师的待遇还可以，都能拿到4000元以上的月薪。

对于佤族妇女社会地位问题，我认为有几个值得思考的问题：第一，佤族妇女对教育重要性的认知还远远不够。我教的是初中，女生还算多的，一个班40人当中，女生有十七八人；到了高中，一个班如果还以40人算，女生大概才有12人。道理很简单：过了九年义务教育阶段，很多传统家庭的女孩子觉得读完了初中，学的知识就够用了，她们就想外出打工甚至嫁人。有些女孩子成绩不错，我们也鼓励她们继续读书；但是有些家长宁愿让她们读中专，这样将来就能有一技之长，因为他们觉得读了大学也不一定找到好工作，家庭经济负担还比较重。第二，佤族妇女偏向于早婚。尽管现在很多佤族妇女外出读书或打工，但家里人还是希望她们早点结婚，担心她们年龄大了不好嫁。在很多其他地区，一些男性，不一定是佤族男性，会利用打工的机会把佤族女孩子娶走；村里的男孩子只能难受，很多人年龄大了还找不到对象。这一方面是因为现在的女方家彩礼要得比较多；另一方面，女孩子都想挤进城里，谁愿意回到农村生活呢？所以村里的光棍问题很难解决。第三，佤族妇女的政治权益没有很好地体现出来。在这里，无论是县长、镇长、乡长、村主任，还是相关的领导岗位，哪一届有妇女担任呢？我觉得，这一方面因为妇女没有机会进入政界；另一方面，妇女本身就没有这个意识。所以说真的挺难的，她们从小在接受学校教育上就是不平等的，自身占有的社会资本肯定也跟着不一样，还谈什么政治权益呢？第四，佤族妇女在旅游业发展过程中充当重要角色。你看啊，从歌舞、"佤王宴"到民族服饰、织锦及很多其他的手工艺品，哪一样能离开她们呢？

说了这么多，我就觉得，尽管整个佤族社会都在进步，但是跟男性的社会地位比较，女性依然处于劣势。所以我平时会经常鼓励女生，让她们好好读书，因为知识可以改变命运。

案例6：E，女，64岁，YH村，留守老人

访谈主题：养老出路

访谈时间：2021年8月13日

这里的佤族人比较孝敬老人，通常老人分家后都是跟儿子过，有跟大儿子或小儿子的，也有轮流跟的。但基本不跟女儿，因为女儿一般都外嫁，即使嫁到隔壁村，人家也有公婆帮着照顾孩子，所以不可能把父母接到自己身边。以前也有极少数人不养自己的父母，我们村有名望的老人就会出面训斥他们。现在还有村委会负责这类事，村干部知道后一般也会上门教育不懂事的儿子。

"村老"就是村里年纪比较大，而且比较有威望的老人，他们一般都七八十岁，见多识广，经验丰富，又主持公道。我们队有两位村老，一般都由族长推荐。村里有喜事或丧事时，他们往往都被邀请参与，做主婚人啊，送祝福语啊，等等。他们不用随礼，只要到场，就算很给面子了。他们也经常被邀请调解邻里纠纷，这些对他们来说都是义务，为了村中团结。现在的年轻人，哪怕是"90后"，也挺认可他们，毕竟他们有一定的权威，讲得合情合理。有的年轻人，尤其是外出打工时间久一些的，不一定都听他们的，甚至觉得他们有些啰唆。这些年轻人会有选择地听，自己觉得合理、公正的部分才听。村老的观点是：你爱听不听，如果不听，以后有事你就别再找我。

在祝寿方面，一般我们村里60岁以上的老人都过生日，有"大小年"的说法，比如在60岁、65岁、70岁这些"大年"，那就得办得隆重一些，平时的"小年"就简单一些。对于家庭条件不是很好的，自己家人摆几桌就很不错了。老人通常不愿意摆太多桌，他们觉得太浪费钱。老人更喜欢让子女回来吃饭，大家封个红包就可以了。如果要摆酒席，70岁以上的老人都喜欢规模大一些，一般在10桌左右，一个大家族一起庆祝，非常热闹。

我们这边的老人一般靠儿子养老，很多人家的女儿都嫁出去了。很少有人没有儿子，基本上每家最少一个儿子，养儿防老嘛！实在没有儿子

的，哪怕去领养，也得有儿子，要不然老了怎么办啊？政府是有养老保险，但是我们年龄太大了，买不了养老保险。靠家族一起养也不现实，谁家没有自己的老人啊？养自己家的老人都忙不过来。但现在的年轻人不想生太多孩子，什么"多子多福"的想法都没有了，他们就想要两个孩子，最好是一儿、一女，有的甚至就生一个。我不太理解独生的人，怎么着也得生两个，孩子长大后起码能有个伴儿。

我有三个儿子，目前跟小儿子住。他还没有结婚，正在外面打工，有时会寄些生活费给我，一个月500元左右吧。其他两个儿子都成家了，也住在本村，他们的孩子我也帮着带。他们很少给我钱，平时主要给一些米和油，种有其他杂粮，比如玉米、红薯、土豆等。只有过年和我过生日时会给我个红包，最多200元吧。对我来说，够吃就行了，不强求太多。现在我的生活要比20年前好多了。以前这儿很闭塞，交通很不方便，没有修路，别说汽车，连个摩托车都没有。我们买货物通常靠人来背。不仅男人，女人也要背东西。你想啊，山势陡，路面又不平，还有蛇虫出没，想想就害怕。在背运东西时，双手必须抓住草和树枝，甚至背百余斤重的东西，也全靠背部和额头，因此不少女人的前额被背带勒出一道深深的印痕，苦哦！后来党拨钱给我们修马路，我们买车也有补助，交通就方便了。现在我们去赶集可以坐车，骑摩托车也很方便，对此我很知足。

案例7：B1，女，50岁，NL村，出租车司机

访谈主题：婚嫁、家庭问题

访谈时间：2020年12月18日

我不太赞成嫁给缅甸人，因为他们那边的生活还不如我们这边，我们这儿的女人大都不愿意嫁过去，除非嫁给缅甸富商。大多数缅甸人都羡慕中国人，他们觉得中国制度好、管理好，心里比较有安全感。我不希望自己的女儿嫁过去。我经常跟女儿说：谈恋爱不能太随便，不要随便跟别人发生关系，要洁身自好，真正领证了才算结婚。总之我不支持未婚先孕，觉得这样对女孩子不好，最后还是女孩子吃亏。男孩子如果推卸责任，就不仅伤害了女孩子的身,还伤害了女孩子的心。如果生下孩子,还很可能对孩子的成长有影响。我们这边结婚会随份子钱,一家人随200元左右。

我不嚼槟榔,觉得槟榔嚼多了牙齿会黑;我也不抽烟。老一代人很爱抽旱烟,现在的年轻人基本不抽旱烟了。我也不太喜欢佩戴银饰,觉得有些俗气;但是我老公喜欢我戴。他总是说:你看人家的老婆都戴,你也戴戴!我一般在重大节日或者陪老公去见亲朋好友的时候戴,平常在生活和工作中不戴。

我们这边,只要家中有儿子,女儿就没有财产继承权,因为女儿是要嫁出去的,儿子可以传宗接代。如果没有儿子,女儿也会分得一些财产。我的孩子们很喜欢读书。儿子听说不能再读书了,就着急了,但是他成绩不是很好,读不下去。我女儿读大专了,现在打算专升本。我们大人觉得,只要孩子愿意读,再怎么困难都要供他们读下去;但是如果他们读不好、不想读,我们也不想逼他们,还是尊重孩子自己的意愿。我更喜欢女儿,女儿贴心,比较乖巧、懂事,还经常帮我分担家务;觉得男孩子不太省心,怕他们将来学坏了。

案例8:V,女,37岁,YH村,服务业工作者
访谈主题:婚嫁、织布等问题
访谈时间:2020年12月18日

我从15岁开始学针织,都是妈妈教我的。我们的针织手艺都是一代一代传下来的,我很愿意学。刺绣我也会一些,也是妈妈教的。她们那个年代的人差不多都会,但是我们这一代学得没有上一辈好,她们的技术比较熟练,能绣的品种多,尤其是那些比较复杂的图案,上一辈能做出来,现在我们做就比较吃力。这些针织的包包、服饰可以卖给游客,一套服饰400元左右。针织和刺绣我们都会传给下一代,现在孩子们都在读书,没有时间学,我们在她们读书回来的周末、假期会教她们学。但愿不愿意学还要看她们自己,毕竟大多数家长都还是以孩子的学习为重,她们读书读好了,将来就不用像我们一样以针织为生了。当然,她们要是乐意学,我们大人肯定会教的。针织是我们的传统技艺，能传承下去也挺好的。

我们在老村做针织，这里没有地方给我们做，白天在老村，晚上才回新村吃饭。家里有老人在新村；白天家里要有一个人回老村，在老村打歌、拉木鼓。我们每天9：00—10：00都会来新村这里跳打歌舞，一天至少跳两次，按时间发钱，一个月1800元，60元一天。拉木鼓上午10：30一场，下午14：30一场。

我和我老公是同一个村子的，从小就认识了。生老大的时候我和他还没有结婚，生完孩子家里才催着结婚。我不介意未婚先孕，在我们这里先怀孕，再结婚的现象不算少见。家里大人可能觉得不好，但是事情已经发生了，也没有办法。对我来说是可以接受的，村里很多女孩子都能接受，觉得这没有什么，也信任男方。

案例9：U，女，25岁，YH村，服务业工作者
访谈主题：婚嫁、织布等问题
访谈时间：2020年12月18日

我结婚的时候丈夫那边没有彩礼，只是男方家来摆酒席，在女方家吃吃饭就行了，女方什么都不要，就这样嫁过去。我是可以接受先怀孕，再结婚，先同居，再结婚的，我个人不介意这个，我相信自己的另一半，也有可能是因为当时不懂事。其实在我们村像我这样的年轻人挺多的，大家想法都差不多。我妈妈正在家休息，因为刚刚做了大手术，是胆囊结石，费用很高。我们是建档立卡户，有国家的资助，还勉强过得去。我18岁就会刺绣了，大人教的，自己看大人怎么做，就跟着做。孩子们学不学看爱好，也不能逼孩子，上学更重要。我外婆是在30岁开始学针织的，她妈妈不在了她才做的。我们村里很多老人喜欢抽旱烟，烟草是自己种的。年轻人不爱抽，有的人是因为受不了烟草的气味才不抽，而读书的孩子和长期在外面生活的人觉得抽烟对身体不好，很有可能患上疾病。我是不想抽烟的，觉得它确实对身体不好。在外面打工的时候，工友抽烟我都会远离，因为不想吸二手烟。

我希望村里多宣传法律，民法什么的都可以，村里的人都不太懂法，只受村规约束。村里发生纠纷的时候，我觉得应该通过村委会、民法来解决，不能什么都靠乡规和民约。我是自愿出去打工的，因为不想读书了，读不下去。我的孩子以后要是喜欢读，我肯定供他们读。现在家里有孩子，出去打工不放心，我要管他们，怕他们学坏，怕他们不好好读书。

案例10：Y，女，38岁，ML村，服务业工作者（缅甸籍媳妇）
访谈主题：婚嫁、家庭问题
访谈时间：2020年12月18日

我有两个小孩，一儿、一女，儿子16岁，上初二，女儿14岁，上初一，都是中国佤族。我2003年结的婚，和老公是自由恋爱，他来缅甸打工时我们认识的。当时翁丁还没被开发，比较穷。我觉得他人好，我们很有缘分。刚开始谈恋爱时父母很反对，之后就不反对了；我们谈了2年恋爱，我就嫁过来了。刚嫁过来的时候觉得挺困难的，地方风俗有点儿不同，之后也慢慢适应了。在中国登记结婚，拿身份证、户口簿去民政局办理就行。缅甸没有什么限制，不用登记就可以落户。我嫁过来的时候婆家没给彩礼，宴会在自家办，酒席钱是自己的父母出的。婆婆在，公公不在了，婆婆不管娶媳妇的事，她还住在老村，不在新村这边，我们会给她伙食费和食物。和我一样嫁到翁丁的有三个，我和她们在一个寨子，但是不认识，结婚了说起来才知道。

在沟通上，我觉得自己跟翁丁的同龄人交流没多大困难；区别在政府培训上，一些种植、服务的培训要用身份证登记，我不能享受这种福利，村委投票也不能参加。但村民没有区别对待我，都平等看待。我从小做农活儿，比如插秧；嫁到这边后，农忙时会回缅甸帮着种田，平时就在翁丁做生意。以前回娘家方便，现在因为疫情，不可以了。出入境要去海关办证，三个月一次，一次几十块。当地人办了证就可以过海关了；缅甸人没有身份证，村口安检过不去，只能在翁丁。

我们家有7个孩子，我是老大。家里生活还是挺困难的。我不能上学，在家带弟弟和妹妹；父母在外面干活儿；弟妹读书。我的孩子不在乎自己的妈妈是缅甸人，孩子不会说缅甸语。我看看将来孩子愿不愿意读书，如果愿意，而且条件允许的话，我们都会供。在结婚问题上，还要看他们自己怎么决定。我在这儿也过中秋节；听说过建军节、国庆节，但不过。我能看懂中国的电视节目，也比较习惯这里的饮食，有时还跳圆圈舞。

案例11：W，女，22岁，BK村，医学检验专业学生
访谈主题：学业、婚嫁问题
访谈时间：2020年12月19日

这个专业其实并不符合我个人的意愿，因为当时不知道选什么，就读了这个专业，学费一年10000多元，大专，读三年。现在已经毕业了，刚在医疗公司实习完，是私企，工资一个月2400元。读大专的时候没有贷款，亲戚会帮着凑一点。我还想继续深造，读本科、研究生，父母也支持。弟弟不读书了，他不想读，就去打工了。我妈妈知道他不想读书了，都快哭了，因为家里人都想让我们多读书，能读多久就读多久。他们都会努力供我们读，我自己也很想读。

我谈过一次恋爱，对方是汉族，现在不在一起了，因为两个人不合。我们当时是一个班里的，互相有好感，通过微信聊天好起来的，然后慢慢地会一起出去玩、过节什么的。跟我一起读书的同学，她们也会在读大学的时候找男朋友，因为学历相当，而且也比较有共鸣。以后，我想找一个跟自己学历相当的，对方是农村的还是县城的无所谓，合得来就好。村里和我年龄相当的差不多都结婚了，有时候跟她们沟通不来，我们有微信群，她们都晒孩子什么的，我插不上话。在我们村，现在的彩礼钱两三千的样子，不给猪、牛、羊这些，女方家出冰箱、摩托车这些嫁妆。结婚过程中，男方家和女方家会互相帮忙，所以都不会太计较彩礼这个事。如果男方家富裕一些，彩礼钱会是两三万元吧。我将来结婚不一定穿民族服饰，穿西式婚纱的可能性大一些。我不赞同先怀孕，再结婚。爸妈也不同意这样，一定得先领证。我觉得生两个孩子就够了，孩子太多也不好管。以后要是跟丈夫闹矛盾，事大的话会回娘家，事小就自己解决。

案例 12：C1，女，47 岁，YH 村，村妇联主任
访谈主题：妇女工作、织布问题
访谈时间：2020 年 12 月 19 日

我平常会去村里开会，组里也开。村里开的是集体大会，组里开的是我们这边妇女的小会，讲的差不多都是妇女跳舞、打歌等活动的开展。村里希望我们经常做这种活动，保持特色的歌舞文化；他们也会讲乳腺癌和宫颈癌的相关知识。但是村里的妇女不用全部去村会，我作为代表去就可以了，开完会回来再告诉她们学习的内容。村里也发有关宣传内容的小册子给她们看，她们不是全部都懂，对读过书的人来说容易一些，没怎么读过书的人就不太懂，因为她们字识得不全，也听不太懂宣传的那些知识，但是懂宣传内容的她们的家人会提醒她们注意这些。村里也会开会传授党团知识，我参加过，他们也发小册子让我们学。村里的妇女都会去参加村干部投票，村里一通知，她们就都过去了。村里的妇女偶尔也会吵架，但是很少，一年到头会有一两次吧，原因也是小事，我不用劝导她们，她们能自己解决。

我老公经常在外面打工，家里我说了算；但是村里大多数人家不是这样的，还是男人说了算，女人要听男人的。但也不是绝对的，什么事都男人做主，有的家庭还是很民主的，遇到事夫妻两人一起商量，共同做决定。我们会鼓励村里的人们向这样的民主的家庭学习。我 23 岁就会针织了，家里传下来的，做了都是自己穿，不卖。我有两个儿子，他们不愿意学，我也肯定不会教他们；但我会教别人家喜欢学这个的女儿和妇女，心里也很想让这个技术传下去。

案例13：D1，女，21岁，BK村，小学教育专业学生
访谈主题：学业、婚嫁问题
访谈时间： 2020年12月18日

我现在在市里的师范学校读小学教育专业，今年已经大三了。当时就读这个学校是觉得这个学校离自己家比较近，寒暑假可以回家帮忙干农活儿，像采茶叶、收稻谷什么的，我都可以帮上一点儿忙。而且小学教育也是我自己比较喜欢的一个专业，父母也很支持我的想法，让我出去读书。

我觉得现在学习的这些相关专业知识对自己将来就业还是有很大帮助的，比如教育学、教育素质与能力这些课程都是与教育、教师紧密相关的，对于今后就业很重要。我一直都想做一位老师，觉得这个职业很高尚，可以传授更多的孩子知识。以后毕业了就从事与专业相关的工作，去做一名教书育人的老师。

我们这里很多习俗并不会体现在日常生活当中，在外面读书，其实在生活习惯上跟同学们并没有很大的差异，大家都用普通话交流、学习，也不会觉得自己有什么不同。同学相处摩擦总会有，但是比较少，身边的同学都能接受并包容佤族文化。就算在外面读书，平时我也会经常佩戴银饰。我觉得银饰是我们佤族的一种文化，很多银饰都是长辈送给我们的，它们代表着长辈对我们的美好祝福。

对于未来的丈夫，我希望他的性格比较好，乐观、积极、向上，有责任心、有担当，而且我对他的相貌要求不高，不是本民族也是可以的，但是很重要的一点是，他的价值观一定与我符合，如果价值观相差很大，在生活上很可能产生很多摩擦。我还是希望另一半能够理解我、包容我，跟我谈得来。我父母是比较介意我远嫁的，我是家里面的姐姐，夫家近的话，就可以照顾父母和弟弟，帮衬家里。

案例14：E1，女，23岁，ML村，医学影像专业学生
访谈主题：工作、婚嫁问题
访谈时间：2020年12月19日

我之前在市里的新兴职业学校念书，学的是医学影像专业；现在在镇农场医院做护士，已经工作半年了。读书的时候学费挺贵的，一个学年要1.1万元，但父母都很坚决地让我出去念书，他们很辛苦地工作，坚持供我读完。他们觉得孩子多读书是有好处的，文化水平高一点，以后就能找到好一点的工作，不用像他们一样整天日晒雨淋地干农活儿。

我目前还没有结婚的打算，我更希望自己努力赚钱，经济条件得到改善之后再考虑找对象、结婚的事情。我也希望找到自己喜欢的人，首先看重对方是否有责任心，当然也会考虑他所在的地区跟他家的经济条件，我并不介意他和我是不是同一民族，但是如果对方离得太远或者家庭经济条件不好，我还是不太愿意的，会慎重考虑。

我不太喜欢现在的工作，工资比较低，1500—1600元一个月，虽然在乡镇里比较稳定，但是发展机会也比较少。有时候连我自己都不太清楚一直干这份工作以后会不会有更好的发展，我对自己的未来感到很迷茫。我希望去市里或者出省，去那些比较繁华的地方寻找发展机会。但是出去工作太远了，一方面没有办法照看父母，另一方面，人生地不熟的，父母会很担心。虽然我跟父母提出过自己的想法，但是父母比较反对，觉得我还是嫁在这边，留在家里比较好。

旱烟和水酒体现着我们佤族的一种特色，但是我觉得将它们传承下去也不一定非要去抽烟、喝酒，通过其他方式也是可以发展我们的特色的。我自己也不抽烟，不喝酒。我是学医的，知道抽烟会危害自己的身体健康，香烟里面的尼古丁等成分对人体有害；喝酒比较耽误工作，因为我们上班时要轮班，工作比较辛苦，要是喝酒，就不能专心工作了。

案例15：F1，女，28岁，NL村，外出打工者

访谈主题：生育意愿、婚俗问题

访谈时间： 2020年12月19日

我现在和老公一起在武汉打工，就是在工厂里面的流水线上做装配什么的，一个月能有3500—4500元的收入，这个要看加班情况，还有是淡季还是旺季，旺季加班很辛苦，但是工资也会高一些。

我是结婚了以后才跟我老公去武汉打工的，出去的时候我女儿才4岁。我们出去有两年了，现在女儿6岁了，上小学一年级，这次是因为女儿成绩比较差，担心她的学习，所以回来看看女儿。我结婚以后都是跟公公、婆婆一起住，他们对我都很好。我和老公出去工作，小孩在家上学，都是公公、婆婆帮我照看的，现在小学是全寄宿的，平时上课的时候都在学校住，然后一个星期才可以回家一次。小孩太小，总是不忍心，刚开始出去打工回来的时候，小孩都不跟我和她爸爸亲近，都是跟她爷爷和奶奶；现在小孩长大了，也比较懂事了，爸爸、妈妈每次辛辛苦苦地回家看她，她都会很高兴。

现在我们还没有考虑要第二个小孩，如果有了的话就要。公公、婆婆也不是很急，都是看我们自己的安排。虽然我的第一个小孩是女孩，但是我们家都觉得男孩和女孩是一样的。

我们这边的青年男女结婚的时候，先由女方叫村里的老人帮忙选日子。选日子的老人都是特定的，一般村里办什么大事，都要去他们那儿问日子。选好日子以后摆酒席结婚就可以了。我比较喜欢我们这边买布给家里的老人做的传统民族婚服，颜色是红色的。

有时候我也会在工作淡季的时候回来看看小孩和我的公婆。现在我们这边已经发展得很好了，交通也方便了很多，我回来一般选择坐飞机，因为现在飞机的价格已经跟高铁差不多了，而且很快、很方便。

案例16：Z，女，75岁，ML村，抽旱烟的佤族老人
访谈主题：抽旱烟的习惯、婚俗
访谈时间：2020年12月18日

我今年75岁了，年轻的时候就开始抽狼烟（旱烟），已经抽了几十年了。平时抽的烟都是自己种的，将烟草叶晒干，然后随便卷卷，就可以抽了。自己弄的抽起来比较干净、舒服，比外面买来的好抽。我每天都抽旱烟，一般会在早上漱口、吃饭以后，睡觉之前抽。

我不能接受缅甸那边的媳妇，感觉缅甸那边很多地方都跟我们不同，而且那边的经济条件也没有我们这边好，也比较担心她们不太会照顾老人。我觉得还是娶本村的媳妇比较好，住得近，可以相互照应，而且她们也比较懂得孝顺老人。

我们老一辈的婚俗一般是男方先去女方家送礼，一共要送三次礼，第三次的时候男方家就要带工具，比如刀，到女方家做糯米饭，还要送食物（茶叶、米之类的）。以前，如果没有条件摆酒席，就请重要的亲戚来家里吃饭，就算两个人结婚了，以后可以一起生活了。

案例17：X，女，25岁，BK村，服务业工作者
访谈主题：择偶观念、婚俗
访谈时间：2020年12月19日

我今年25岁，现在在酒店做前台，还没有男朋友，计划在二十七八岁的时候努力寻找另一半并结婚。我目前还没有恋爱的一个原因是更想找其他地方的男生结婚，因为我觉得我们本地的经济条件不太好，希望找一个家庭条件好一点儿的，这样以后生活就能轻松一点儿，也能给自己的小孩更好的生活和教育环境。但父母还是希望我嫁在本地，觉得离得比较近，能够时常照看他们。如果我找了外地的，跟父母协商的话，他们也会同意的。

以前我们这边嫁女儿是不收彩礼的，都是给一些生活用品就行了，不需要给钱。现在观念改变了，毕竟父母养育那么久，于是也开始收彩礼钱了。我之前的闺蜜结婚时收了1.6万元的彩礼；我个人感觉比较少，如果我结婚，我希望我的彩礼能达到10万元左右。我觉得这一方面可以看出他对我的重视；另一方面，自己嫁出去了，父母在自己不在身边的情况下能够用这笔钱照顾好自己。当然，这些都会跟男方商量好，尽可能地符合两家的意愿。我对未婚先孕和婚前同居的做法并没有什么特别的看法，我觉得每个人都有自己的生活选择，如果自己能够处理好，男方也能负起相应的责任，就没有什么问题。

我在县城工作了几年，现在这边得到了政府的开发和建设，每年的"摸你黑"节日都会有很多游客来这里玩。每到这个时候，我们的工作也是比较忙的，房间都是爆满。现在的节日氛围更浓了，也更热闹了。

案例18：G1，女，35岁，BK村，针织、刺绣出名的妇女
访谈主题：织布和刺绣文化
访谈时间：2020年12月18日

我从十五六岁开始做针织和刺绣，我的两个姐妹也都会做这些针织和刺绣活儿。刚开始也没有特意去学这些的想法，就是看妈妈织出来的布和包包上面绣的图案很漂亮，就想跟妈妈学织布和刺绣。现在我们三姐妹都会织布和刺绣。这些织布的工具，像织布机、梭子什么的都是我们自己做的，有的是一辈传一辈，外婆传给妈妈，妈妈又传给我们。

现在村子发展旅游业，平日游客不多，守家（指每户派一个人看家，迎接游客）的时候可以在家织织布，然后把织好的布做成包包拿出去卖。像这样1米多长的一块布可以做3个包包，一个包包能够卖60块钱，对我们来说又是一笔收入了。

我的女儿现在读小学，作业比较多。她会织布和刺绣，但不是很感兴趣，以后应该也不会靠织布、刺绣吃饭，所以我没有要求她一定学织布和刺绣。对于针织和刺绣，如果小孩喜欢就教她们，不喜欢也不会强求。但我在心底还是希望她们学，毕竟这也是一门手艺，学了总会有用。

我自己弄的这些包包女儿也愿意用，平时她会拿来装自己的课本，背着去学校，她觉得很好看，也很方便；她的同学们也都背自己家里做的包包。身边这些女性如果嫁在本地，就跟我们一样，平时还是用自己做的包包；但是嫁到外地的就不太愿意用，她们可能觉得这些包包跟不上潮流，或者不太符合自己丈夫那边的穿着，所以她们当中有很多人都不用我们这些传统的包包了。

参考文献

一、中文著作

[1]陈功.社会变迁中的养老和孝观念研究[M].北京：中国社会出版社，2009.

[2]刘宝林，田秀兰.佤族民间常用植物药[M].昆明：云南民族出版社，2011.

[3]陈志明.天籁之音：孟连傣族拉祜族佤族自治县民族民间器乐曲集[M].昆明：云南美术出版社，2008.

[4]段世琳.佤族历史文化探秘[M].昆明：云南大学出版社，2007.

[5]杜巍.文化·宗教·民俗：首届中国佤族文化学术研讨会论文集[M].昆明：云南大学出版社，2008.

[6]费孝通.乡土中国·生育制度[M].北京：北京大学出版社，2020.

[7]费孝通.江村经济——中国农民的生活[M].北京：商务印书馆，2001.

[8]费孝通.中华民族多元一体格局（修订本）[M].北京：中央民族大学出版社，1999.

[9]费孝通.中华民族多元一体格局[M].北京：中央民族学院出版社，1989.

[10]全国政协文史和学习委员会暨云南省政协文史委员会.云南特有民族百年实录·佤族[M].北京：中国文史出版社，2010.

[11]樊华.传统与现代的互动：以沧源佤族艺术为中心的研究[M].北京：商务印书馆，2011.

[12]范剑平.中国城乡居民消费结构的变化趋势[M].北京：人民出版社，2001.

[13]郭锐.佤族木鼓的文化链接[M].昆明：云南大学出版社，2009.

[14]高丙中：现代化与民族生活方式的变迁[M].天津：天津人民出版社，1997.

[15]黄宗智.中国乡村研究（第三辑）[M].北京：社会科学文献出版社，2005.

[16]和少英，等.云南跨境民族（跨国界而居的民族）文化初探[M].北京：中国社会科学出版社，2011.

[17]黄海涛.佤族[M].乌鲁木齐：新疆美术摄影出版社，新疆电子音像出版社，2010.

[18]李洁.临沧地区佤族百年社会变迁[M].昆明：云南教育出版社，2001.

[19]李兵，主编；佤族调查组，编.云南民族村寨调查·佤族·沧源勐董镇帕良村[M].昆明：云南大学出版社，2001.

[20]李德洙，胡绍华.中国民族百科全书（15）：傣族、佤族、景颇族、布朗族、阿昌族、德昂族、基诺族卷[M].西安：世界图书出版西安有限公司，2016.

[21]李柏松.佤族民歌[M].昆明：云南民族出版社，2002.

[22]卢嘉瑞，等.中国农民消费结构研究[M].石家庄：河北教育出版社，1999.

[23]林耀华.民族学通论（修订本）[M].北京：中央民族大学出版社，1997.

[24]罗之基.佤族社会历史与文化[M].北京：中央民族大学出版社，1995.

[25]刘允褆.迎春花开遍阿佤山：佤族民歌集[M].昆明：云南人民出

版社，1974.

[26]《云南沧源佤族自治县概况》编写组.云南沧源佤族自治县概况[M].北京：民族出版社，2007.

[27]那金华，主编；杨宝康，徐向东，副主编.中国佤族"司岗里"与传统文化学术研讨会论文集[M].昆明：云南人民出版社，2009.

[28]田继周，罗之基.佤族[M].北京：民族出版社，1996.

[29]王敬骝.佤族研究50年[M].昆明：云南人民出版社，2003.

[30]赵明生，主编；佤族文化研究会，编.佤族文化研究（第一辑）[M].昆明：云南民族出版社，2011.

[31]《佤族简史》编写组.佤族简史[M].北京：民族出版社，2008.

[32]王丽华.少数民族乡村政治体系的变迁与发展：以云南沧源佤族乡村为例[M].北京：人民出版社，2012.

[33]魏德明.佤族文化史[M].昆明：云南民族出版社，2001.

[34]陈卫东，王有明.佤族风情[M].昆明：云南民族出版社，1993.

[35]临沧市文化局.云南佤族民间舞蹈[M].昆明：云南民族出版社，2006.

[36]吴理财，等.当代中国农民文化生活调查[M].北京：知识产权出版社，2011.

[37]武咏梅，甘开鹏.佤族中学生语言学习与民族认同研究[M].昆明：云南大学出版社，2012.

[38]袁娥.民族与国家何以和谐：云南沧源佤族民族认同与国家认同实证研究[M].北京：知识产权出版社，2012.

[39]《民族问题五种丛书》云南省编辑委员会，《中国少数民族社会历史调查资料丛刊》修订编辑委员会.佤族社会历史调查[M].北京：民族出版社，2009.

[40]杨宝康.佤族文化研究文集[M].北京：光明日报出版社，2007.

[41]赵富荣.中国佤族文化[M].北京：民族出版社，2005.

[42]赵明生.临沧少数民族口传文学[M].昆明：云南民族出版社，

2013.

[43]周家瑜.留存的佤族婚恋传统[M].昆明：云南民族出版社，2013.

[44]赵岩社，著；中国云南临沧地区沧源佤族自治县，中国云南民族学院孟高棉语教研组，编.佤族生活方式[M].昆明：云南民族出版社，2000.

[45]《民族问题五种丛书》云南省编辑委员会，《中国少数民族社会历史调查资料丛刊》修订编辑委员会.佤族社会历史调查（3）[M].北京：民族出版社，2009.

[46]《民族问题五种丛书》云南省编辑委员会，《中国少数民族社会历史调查资料丛刊》修订编辑委员会.佤族社会历史调查（4）[M].北京：民族出版社，2009.

[47]翟明安.中国民族的生活方式[M].北京：中国社会科学出版社，1995.

[48]左永平.佤族文化研究丛书·佤族审美文化[M].昆明：云南大学出版社，2008.

[49]杨善华.家庭社会学[M].北京：高等教育出版社，2006.

[50]闫铭砚，等.云南西盟地区佤族青年女装的传统样式及演变//中国纺织工程学会服装服饰专业委员会.中国纺织工程学会服装服饰专业委员会2014学术报告会论文集.上海：上海科学技术文献出版社，2014.

[51]杨兆麟.佤族传统手工艺的当代意义//那金华.中国佤族"司岗里"与传统文化学术研讨会论文集.昆明：云南人民出版社，2009.

[52]王莉.佤族织锦探析//那金华.中国佤族"司岗里"与传统文化学术研讨会论文集.昆明：云南人民出版社，2009.

二、中文期刊

[1]保跃平.选择与困境：云南边境跨国婚姻的社会学分析[J].北方民族大学学报（哲学社会科学版），2013（4）.

[2]保跃平.跨境婚姻行为选择的主体性特征及制度困境——以云南边境地区为例[J].南方人口，2013（4）.

[3]白志红，李喜景.中缅边境非法跨国婚姻对云南边境少数民族地区和谐稳定的影响分析——以云南省龙陵县徐家寨为例[J].昆明理工大学学报（社会科学版），2011（4）.

[4]白志红，李文钢.佤族男性婚姻挤压及夫妻年龄差研究[J].西南民族大学学报（人文社会科学版），2011（8）.

[5]白志红，陈明君.互惠型孝敬馈赠：佤族敬老宴的人类学研究[J].云南社会科学，2015（6）.

[6]陈文清，陈永香.跨境民族（跨国界而居的民族）共振效应与边疆地区的和谐发展——以云南跨境民族（跨国界而居的民族）为例[J].楚雄师范学院学报，2010（11）.

[7]董建中.云南边境民族地区跨境婚姻问题研究[J].西南民族大学学报（人文社会科学版），2013（5）.

[8]耿少萌.中缅边境跨国婚姻对边境地区的影响及对策研究——以云南省龙陵县徐家寨为例[J].学园，2011（8）.

[9]华袁媛.现行婚姻法律规范对滇越边民通婚的规制效果及其反思[J].文山学院学报，2013（1）.

[10]黄流然，李娟，龙耀.中越边境跨国婚姻问题的社会学思考[J].辽宁行政学院学报，2008（1）.

[11]李碧华.游离于社会之外的群体——广西天等县中越跨境非法婚姻调查[J].东南亚纵横，2008（9）.

[12]李娟.中越边境跨国婚姻中女性的身份认同思考——以广西大新县A村为例[J].广西民族研究，2007（1）.

[13]李娟，龙耀.中越边境跨国婚姻问题研究——以广西大新县隘江村为例[J].南方人口，2008（1）.

[14]李立纲.云南跨境民族（跨国界而居的民族）的民族身份与国家认同实证研究——中越、中老、中缅边境的调查分析[J].西部学刊，

2013（11）．

[15]李宇鹏．云南沧源佤族休闲生活调查研究[J]．云南社会主义学院学报，2014（3）．

[16]梁茂春，陈文．中越跨界通婚的类型与促成途径[J]．南方人口，2011（4）．

[17]卢鹏，孙东波．边民互市的经济与政治功能——以绿春县平和乡为例[J]．云南民族大学学报（哲学社会科学版），2010（5）．

[18]罗柳宁．例论中越边境跨国婚姻建立的基础——兼论"无国籍女人"的身份[J]．广西民族研究，2010（1）．

[19]罗柳宁，龙耀．中越边境跨国婚姻的流变及其思考[J]．百色学院学报，2007（1）．

[20]罗文青．和平与交往：广西边境地区跨国婚姻问题初探[J]．广西师范大学学报（哲学社会科学版），2006（1）．

[21]龙耀．跨国婚姻子女社会化问题思考[J]．广西民族大学学报（哲学社会科学版），2007（S1）．

[22]龙耀，罗柳宁．例论中越边境地区跨国婚姻子女的政治社会化[J]．广西民族研究，2007（4）．

[23]马健雄．性别比、婚姻挤压与妇女迁移——以拉祜族和佤族之例看少数民族妇女的婚姻迁移问题[J]．广西民族学院学报（哲学社会科学版），2004（4）．

[24]马祯．佤族木鼓文化中女性身体的社会性别分析[J]．普洱学院学报，2015（2）．

[25]满丽萍．移民社会学视野下的滇越边境非法跨国婚姻移民问题[J]．红河学院学报，2012（1）．

[26]孙九霞．试论族群与族群认同[J]．中山大学学报（社会科学版），1998（2）．

[27]陶红梅．中国佤族妇女经济参与研究[J]．经济师，2017（2）．

[28]王晓丹．中越边境跨国婚姻的动机和社会影响——以云南省麻栗

坡县为例[J].云南师范大学学报（哲学社会科学版），2011（1）.

[29]王颂扬.云南省佤族甩发舞的核心价值研究[J].当代体育科技，2015（11）.

[30]肖洁.女性待迁移民自我认知的特征及影响因素——对三峡库区526名女性待迁移民的调查分析[J].中华女子学院学报，2004（1）.

[31]肖楚舒.中缅佤族跨境事实婚姻问题探究——以云南省沧源佤族自治县为例[J].青年与社会，2013（10）.

[32]杨勇，付耀华，商成，周阳.边民跨境婚姻的研究文献综述[J].时代报告，2012（2）.

[33]杨云燕.公共管理视角下的佤族女性农民工婚育变迁——以云南省沧源县莱片村为例[J].中华女子学院学报，2015（1）.

[34]袁娥，赵秀兰.班奈佤族的同姓婚、交错婚和堆砌婚[J].广西民族大学学报（哲学社会科学版），2009（4）.

[35]张金鹏，保跃平.云南边疆民族地区跨境婚姻与社会稳定研究[J].云南民族大学学报（哲学社会科学版），2013（1）.

[36]张妙丽.我国边民跨境婚姻研究的回顾与展望[J].辽宁行政学院学报，2013（9）.

[37]郑宇，杨红巧.跨国婚姻关系与边疆民族社会变迁——以中越边境红岩寨苗族为例[J].学术探索，2009（5）.

[38]赵莲.关于云南边民事实婚姻的探讨[J].中国民政，2011（6）.

[39]赵淑娟.边民跨境通婚状况调查——以云南中缅边境为例[J].楚雄师范学院学报，2011（10）.

[40]赵明生.跨境（跨国界而居）少数民族佤族的节日文化[J].节日研究，2013（7）.

[41]赵富荣.佤族教育研究[J].民族教育研究，2005（2）.

[42]赵秀兰.佤族同姓婚禁忌探析——以班奈村佤族同姓婚禁忌为例[J].保山师专学报，2009（3）.

[43]周俊华，舒琴.云南佤族的传统政治组织形式和制度[J].玉溪师范

学院学报，2013（5）.

[44]朱和双，李金莲.佤族的"神灵"信仰及其对男女性关系的社会控制[J].湖北民族学院学报（哲学社会科学版），2003（4）.

[45]张书峰.当代佤族婚育文化嬗变探析——以云南M村为例[J].贵州师范学院学报，2017（4）.

三、电子文献

罗丽红.沧源佤族妇女银饰的价值体现[EB/OL].https：//wenku.so.com/d/44fbeaba66898f96890c19561d102222?src=ob_zz_juhe360wenku.

四、国外译著

[1][美]C.赖特·米尔斯.社会学的想象力[M].陈强，张永强，译.北京：生活·读书·新知三联书店，2016.

[2][美]乔纳森·H.特纳.社会学理论的结构[M].北京：华夏出版社，2001.

[3][美]克莱德·M.伍兹.文化变迁[M].何瑞福，译.石家庄：河北人民出版社，1989.

[4][美]克利福德·格尔茨.文化的解释[M].韩莉，译.南京：译林出版社，1999.

[5][美]约翰·R.霍尔，[美]玛丽·乔·尼兹.文化：社会学的视野[M].周晓虹，徐彬，译.北京：商务印书馆，2002.

[6][美]亚历山大.新功能主义及其后[M].彭牧，史建华，杨渝东，译.南京：译林出版社，2003.

[7][美]罗伯特·C.埃里克森.无需法律的秩序——邻人如何解决纠纷[M].苏力，译.北京：中国政法大学出版社，2003.

[8][美]杜赞奇，著；刘东，总主编.文化、权力与国家：1900—

1942年的华北农村[M].王福明,译.南京:江苏人民出版社,2010.

[9] [美]露丝·本尼迪克.文化模式[M].何锡章,黄欢,译.北京:华夏出版社,1987.

[10] [英]安东尼·吉登斯.现代性的后果[M].田禾,译.南京:译林出版社,2000.

[11] [英]安东尼·吉登斯.社会学(第五版)[M].李康,译.北京:北京大学出版社,2009.

[12] [英]安东尼·吉登斯.社会的构成:结构化理论大纲[M].李康,李猛,译.北京:生活·读书·新知三联书店,1998.

[13] [英]马林诺斯基.文化论[M].费孝通,译.北京:华夏出版社,2002.

[14] [英]戴维·毕瑟姆.马克斯·韦伯与现代政治理论[M].徐鸿宾,徐京辉,康立伟,译.长春:吉林出版集团有限责任公司,2015.

[15] [英]约翰·斯道雷.文化理论与大众文化导论(第五版)[M].常江,译.北京:北京大学出版社,2010.

[16] [德]马克斯·韦伯.经济与社会[M].阎克文,译.上海:上海人民出版社,2010.

[17] [德]马克斯·韦伯.新教伦理与资本精神[M].彭强,黄晓京,译.西安:陕西师范大学出版社,2002.

[18] [德]卡尔·曼海姆.文化社会学论要[M].刘继同,左芙蓉,译.北京:中国城市出版社,2002.

后　　记

　　先后三次入住乡村，历时三个月零五天。经过详细的资料收集和实地调查，《佤族妇女研究——基于沧源佤族自治县四个村寨的社会学考察》终成书稿。书写思路分别从佤族妇女的家庭地位、乡村地位及社会地位几个角度展开，进行阐述。研究发现，在新时期，佤族妇女的社会地位有了明显的提高，佤族妇女的文化变迁和社会地位具有高度的共生性。结论均以事实和数据为支撑，还需要在未来对此进行持续的关注和研究。

　　感谢沧源勐董镇四个村的所有访谈对象，感激当地村民积极的配合和支持。得知作为高校师生的我们到此调研后，村委会积极为我们联系相关访谈对象，协助我们与村民建立沟通，获取了重要的调查信息，在此表达真挚的谢意！

　　感谢妇联主任肖大姐一家的照顾，他们的帮助使我们一行人的调研得以顺利开展，也为我们多次的实地考察提供了便利。与肖主任成为朋友，我深感幸运而欣慰！

　　感谢广西民族大学民族学与社会学学院的杨婕参与了本书的写作，以及后期繁杂的修订、补充材料等工作；同时感谢林萍、黄梅两位学生的鼎力相助。她们跟随我入村进行实地调研，与村民同吃、同住，与我一起认真收集资料。希望她们有机会继续深造，弘扬社会学专业学者的吃苦精神！

　　最后还要感谢所涉引文的所有作者，有了他们的研究作基础，本书的内容才更加完整；感谢出版社热心、细致的编辑，为本书的诞生花费了心血,贡献了才识;感谢广西民族大学民族学一流学科项目的资金支持;感谢我的家人的人力和情感支持,使我得以安心写作。

黎莹

2024年3月于相思湖畔